JN113548

基礎からわかる漢文

改訂版

代々木ゼミナール編

代々木ライブラリー

はしがき

本書はこれから漢文を学ぼうとしている高校生を対象としています。漢文を学ぼうと思っても、何から手をつければよいのかわからない。とりあえず言葉や句法を覚えてみたものの、それがなかなか得点に結びつかない。――**このように漢文に苦手意識を持っている人、学習の初手でつまずいている人が、漢文を「読める」ようになるために作られた**、まさしく、漢文を0（ゼロ）から始めるのに最適な参考書です。

それでは漢文を読むためには何が必要でしょうか。返り点を使った特殊な読み方はもちろんのこと、豊富な言葉、複雑な句法、そして何よりも多くの文章を読み、漢文独特のリズムや世界観を理解することが必要です。本書はこれらをマスターするため、**漢文の初歩的な読み方から学習をはじめ、句法や語彙を丁寧な解説と練習・演習問題で順序よく効率的に学習できるように構成しています。**

また本書は多くの記述問題から成り立っています。それは本書が扱うような入門的な内容は、**選択肢を選ぶ受身の学習をするよりも、能動的に手を動かして覚える訓練をした方が、より効率的に習得できる**と考えているためです。そのため国公立大の二次試験の基礎固めとして本書を利用することはもちろんのこと、共通テストでのみ漢文が必要だという場合であっても、より実践的な問題演習の架け橋として、本書を利用することができます。

本書が漢文を必要とする受験生にとって少しでも役立つことを願っています。

代々木ゼミナール国語研究室

目次

●応用編

●語彙編

1　本書の構成

本書は、入門編・基礎編・応用編・語彙編から構成されています。

全編を通して、優先的に覚えるべき事柄は赤色で、発展的な内容を含む解説や問題は、「発展」「応用」などの表示や灰色で記しています。はじめは赤色の箇所を覚えるようにし、灰色の箇所は一読するだけでかまいません。そして一通り本書の学習を終えてから、灰色の部分も含めて本書全体を復習してください。

○入門編

まずは入門編で返り点や送りがなといった漢文を読むためのルールを学習します。解説を読んだ後に、練習問題に取り組み、知識の定着をはかってください。漢文は読みが肝心です。例文を繰り返し声に出して読みましょう。

○基礎編

入門編で漢文の読み方を学んだら、基礎編で句法と漢詩の規則を学習します。基礎編は、解説・練習問題・演習問題の三つから成ります。まず入門編と同様に、解説を読み、練習問題を解いて句法を理解しましょう。練習問題は覚えるべき句法を網羅していますので、練習問題を解くだけでも復習ができるようになっています。

次に演習問題を解いてください。ここには解説で扱った句法が含まれています。漢文は、句法を丸暗記するだけでは読めるようになりません。実際に文章を読み、解答を書く中で身につけましょう。間違ってもかまいませんので、自分の解答を書いてください。解き終えたら、別冊の解答・解説を読み、自分で採点してください。解説には記述問題の部分点も記しています。

○応用編

漢文を読むためのルールや句法を一通り学習し終えれば、最後に白文（返り点や送りがなのない文）を学習します。入門編・基礎編の内容をふまえ、学習の総仕上げを行いましょう。

○語彙編

接続の言葉や多義語など、漢文を読むために覚えておくべき重要語句をまとめています。漢文は句法を覚えれば終わりだと考えている人がいますが、句法だけを暗記しても漢文は読めませんし、高得点をねらうこともできません。

漢文も、英語と同じように、単語や慣用表現の習得が必要です。ただし受験の漢文は、英語ほど覚えるべき数は多くありません。心配せずに基礎編の学習と並行して少しずつ覚えるようにしてください。

2 タイプ別の利用法

漢文は得手不得手の差の大きい分野です。本書を手に取った人の中には、本当にゼロから漢文を学習しようとする人もいるでしょうし、受験対策として記述問題集を探している人もいるでしょう。

いくつかのタイプにわけて、本書の具体的な利用法を記しておきたいと思います。もちろん学力や目的は千差万別ですので、あくまでも参考程度に考えてください。

○ゼロからの学習

共通テスト対策であれ、国公立大の記述試験対策であれ、ゼロから漢文を学習する人、レ点や一二点は知っているけどそれ以外は分からないという人は、入門編を何度も学習することをお勧めします。

入門編の山は、①訓点のついた漢文がすらすら読める、②置き字の理解、③再読文字の習得です。

返り点・送りがなのルールがある程度分かるようになると、①が問題になってきます。①の「すらすら」とは、漢文を日本語の意味にそって読むことができる、ということです。例えば、「孔子西のかた衛に遊ぶ」と読む場合、「孔子は西方の衛の国に遠出した」という日本語の内容を意識して、「孔子／西のかた／衛に／遊ぶ」（／は呼吸）というように読めなければなりません。これを「孔子西／のか／た／衛／に遊／ぶ」と読んでしまうようでは、「すらすら」読めているとは言えません。

②の置き字は理解が難しい部分です。最初は代表的な置き字を確実に発見する力を身につけましょう。そして「置き字は読まない」「書き下し文には書かない」、でも返り点をつけるときは一字としてカウントする、と覚えれば十分です。

③の再読文字は少し特殊な読み方をする漢字です。ただ再読文字は基礎編の演習問題に何度も出てきます。再読文字の読み方（ルール）を学んだ後は、漢字の種類と読み方・意味を機械的に覚えるだけでかまいません。あとは問題の演習を通して慣れていきましょう。

○暗記しても「漢文が読めない」

入門編であつかう訓読の方法は分かるが、実際に文章を読んでも意味が分からない。句法を覚えろと言われたけど、漢字の数は多いし、覚えても実際の読解や問題解答で活用できない。こういう人は句法の学習方法を見直したり、語彙編の学習を進めたりするとよいでしょう。

句法は種類が少ないように見えて、漢字のバリエーションが多く、決して簡単に覚えられるものではありません。句法を覚えられない／活用できない人は、まず基礎編の前半（否定①〜仮定形）の赤く囲まれた句法を覚えましょう。ここに登場する句法は、非常に使用される頻度が高く、しかも文章の重要な箇所でつかわれますので、身につければ身につけるほど、読解力が向上し、問題の正答率も高くなります。

ただし「身につける」といっても、「使役＝使＝しむ」のように句法の名前と漢字、逐語訳だけを覚えてしまうと、効果は激減します。使役の「使」は「使―…」の形で、「―をして…（せ）しむ」と読み、「―に…させる」と訳す、というように、句の「形」を覚えてください。「〜をして〜せしむ」のように口ずさめるようになるのが理想です。口ずさむほど身になじんでいれば、書き下し文を読んだ・見ただけで、句法の意味や読みの正誤をすぐに判別できるようになります。

ここまで学習すれば、漢文はぐっと「読める」ようになるはずです。しかしここで気を抜いてはいけません。「それなりにできるようになった」と自信がつけば、必ず後半（否定④〜願望）まで学習しましょう。基礎編の前半が頻出句法とすれば、後半こそは学力（＝得点）に差のつく場所だからです。ここまで学習すれば、きっと漢文を得意分野にできるはずです。

一方、忘れてはならないのが語彙編の学習です。語彙編には重要な言葉ばかりを集めていますが、苦手なうちは「読み漢字」を優先して覚えましょう。一対一で気楽に始められますし、覚えれば覚えるほど、読解力が目に見えてあがっていきます。「読み漢字」を終わらせた後は、他の語彙を覚えてほしいのですが、「多訓・多義語」は最後に学んだ方が負担は少ないでしょう。

○共通テスト対策

共通テスト対策を考えている場合は、基礎編を中心に、練習問題・演習問題に積極的に取り組むことをお勧めします。

共通テストは、選択式の問題だからといって、はじめから選択肢が用意された問題を解くばかりだと、何となく選択肢を選んでしまう、消去法でないと正解にたどり着けない、といった事態に陥りかねません。解答を選ぶという受動的な学習では、知識が身につきにくく、また習得するのにかえって時間がかかってしまいます。

共通テストは様々な形式の問題が出される可能性があり、目新しい設問につい目が行きがちです。しかしどのような問題であっても、漢文を書き下し文にし、それを現代語訳し、内容を把握するという読解の基本の手順は変わりありません。逆にいえば、基本が十分に身についていないのに、やみくもに問題を解くだけでは、得点は伸び悩むことになるでしょう。

まずは本書の練習問題・演習問題を通して、自分で漢文を読み、解答を作ることに慣れていきましょう。自分の手で書き下し文・現代語訳を書いたり、文章から解答の核となる箇所を探したりする力を意識的に伸ばしていけば、共通テストでもより自信を持って正解を選べるようになるはずです。

しかしながら、みなさんの中には、漢文は共通テストでしか使わない（大学の個別試験では使わない）人、漢文にあまり多くの時間をかけられないという人もいるでしょう。そのような場合には、問題を解いてつまずいたところを重点的に復習する、赤く囲まれた最重要事項や自分の苦手な句法から優先的に学習するなど、ポイントを絞った学習も有効です。ですが、その場合にも自分で漢文を読み、解答を作るようにしてください。それが漢文の学力をあげる近道になるはずです。

○国公立大の記述対策

国公立大の記述対策を目指している場合は、学力の上下にかかわらず、入門編から学習（復習）することをお勧めします。記述対策といっても、近年は極端に難度の高い問題は少なく、得点するべき基礎〜標準レベルの問題を確実に得点していくことが重要になります。そのため入門編・基礎編と語彙編をしっかり学ぶことが重要です。

ただし赤字で囲まれた大事なところを覚えるだけでは、十分な得点はあげられません。灰色の箇所はもちろん、活用・

接続の形（例えば、書き下したときはどの助詞から返って読むのか等）、細かいところにも注意を払ってください（練習問題でなぜその場所が空欄になっているのかを考えてみましょう）。

基礎編の各講にある演習問題には、記述の説明問題がたくさん用意されています。解答・解説には部分点を記していますので、これを参考に自己採点をしてみましょう。その際、なぜその部分がポイントとなっているのか、自分なりに考えてみるとよいでしょう。何が問われているのか、何を解答しなければならないのかが分かれば、自然と記述解答もできるようになっていきます。

また語彙編は学習を忘れがちですので注意してください。言葉や表現を知らなければ、句法だけを覚えても漢文は読めません。そして漢文を読めなければ、問題の中心を占める説明問題は解答できません。語彙編は必ず基礎編とセットで学習してください。

解説で句形・読み・意味を確認。赤色の最重要事項から覚えよう。

書きこみ式の練習問題。

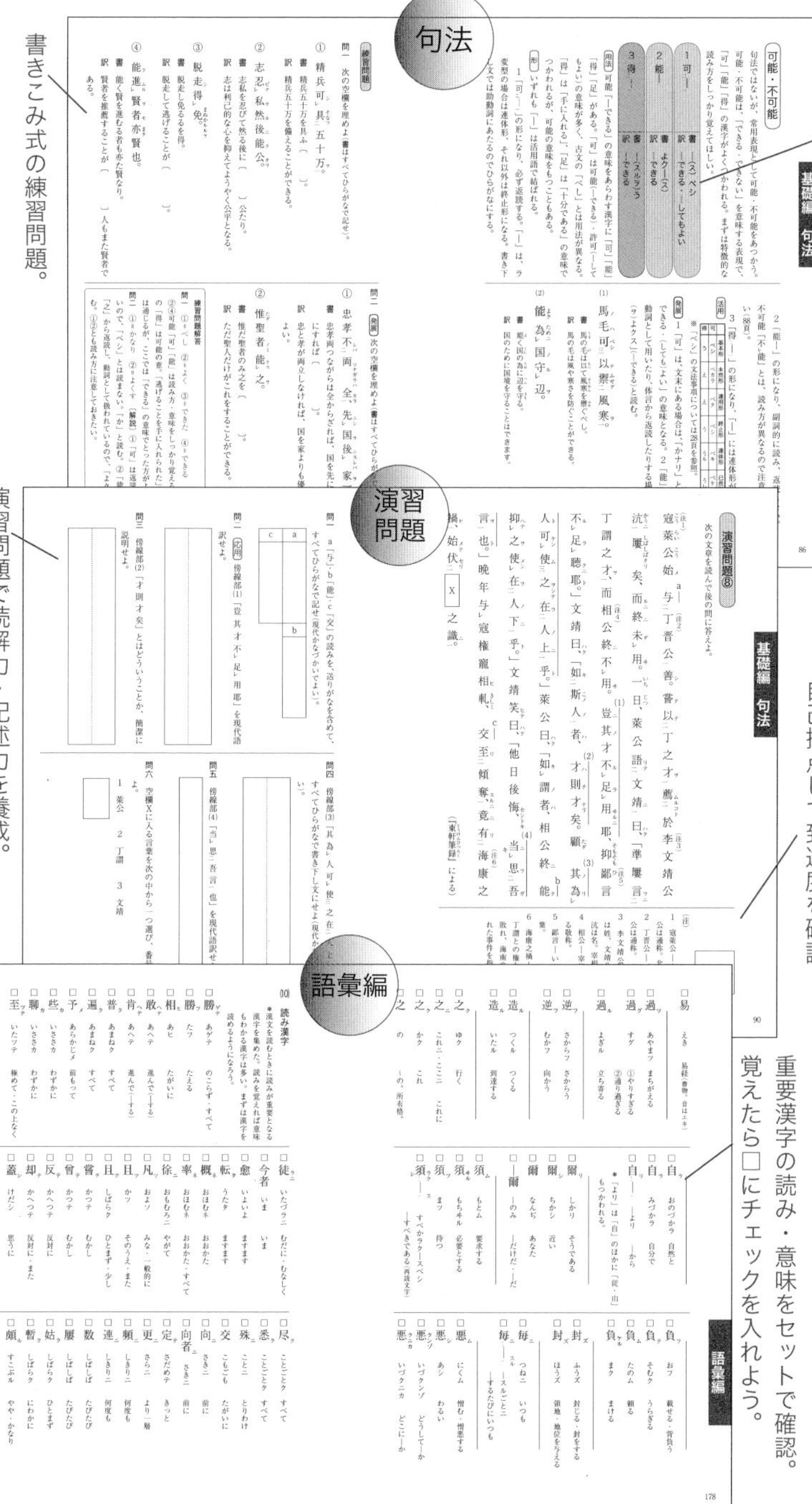

解きおえたら自己採点して到達度を確認。

演習問題で読解力・記述力を養成。

重要漢字の読み・意味をセットで確認。覚えたら□にチェックを入れよう。

注意点

漢字　現在の入試状況にあわせて、原則として新漢字を使用していますが、「堯」（新字体は「尭」。古代の聖天子）や「龍」（新字体は「竜」。伝説上の生き物）といった、旧漢字の中でも比較的使用頻度の高いものは、旧漢字のままにしています。

かなづかい（仮名遣い）　現在の入試状況にあわせて、訓読みについては、歴史的かなづかいにしています。ただし字音かなづかい（音読みのかなづかい）は、表記が特異である場合や、学説上はっきりしない場合は、現在の音読みのままにしています。

文法用語　本書は漢文の初学者を対象としていることから、文法用語は、原則として、漢文を訓読した場合の日本の古典文法に準拠しています。

品詞　訓読した場合の日本語の品詞（おおむね高校で学習する古典文法の品詞）を用いています。たとえば、副詞と書かれてある場合は、古代中国語の副詞や英文法の副詞ではなく、あくまでも日本の古典文法の副詞を指します。

用言　動詞・形容詞・形容動詞。

体言　名詞・代名詞。

付属語　助詞・助動詞。

活用語　用言に応じて語形が変化する用言・助動詞。

活用形　活用語が活用する語形。古典文法では、未然形・連用形・終止形・連体形・已然形・命令形の六種類になります。本書では「活用語の○○形」を指す場合、単に「○○形」と表記します。また一部の活用形をサ行変格活用の動詞で例示することがあります。たとえば、「（セ）しム」の「セ」は活用語の未然形が「しム」に接続することを意味しています。

句法　句法（一種の漢文法）は、高校の教科書に広く見られるものにしています。ただし可能・不可能のように、まとめて学習する方が便利な項目は、一般に句法とはみなされなくとも、句法の中に加えています。また句法の配列は、学習の順序を重視したもので、文法体系を重視したものではありません。

読みの表記　本書では漢文の読み方を記す場合、漢字の読みをひらがなで、送りがなをカタカナで表記しています。

返り点の表記　本書では一部の表記を一・二点で代表させています。必要に応じて適切な返り点に読みかえてください。

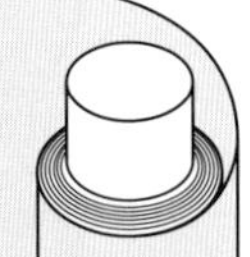

入門編

入門編では**返り点の読み方や書き下し文の作り方**、そして**置き字**、**再読文字**といった漢文を読む上で不可欠な約束事を学習する。約束事の多くは、漢文を読むうちに自然とわかるようになるが、案外、学習の途上で忘れがちなものも、これら基本的な約束事である。今後、基礎編、応用編と学習を進めても、折に触れて読み返すようにしてほしい。

白文・返り点と送りがな

漢字だけが並んだ文を白文という。この白文を日本語に近い語順で読むために、漢字の左下に小さく書いた記号を返り点とよぶ。

1　訓読と返り点

1　返り点のない漢字は、上から下に読んでいく。

2　返り点がある場合は、返り点の指示にしたがって下から上へ返って読む（返読するという）。

2　返り点の種類

レ点　直後の漢字から返読する。

一二点　間に一字以上の漢字を挟んで返読する。一・二・三…と続く。

上下点　一二点を挟んで返読する。上・中・下の三種類がある。

甲乙点　上下点を挟んで返読する。甲（こう）・乙（おつ）・丙（へい）・丁（てい）…と続く。

㆑点・上㆑点・甲㆑点　一点・上点・甲点にレ点があわさったもの。まずレ点にしたがって直後の漢字から返読し、さらに二点・下点（中点）・乙点に返読する。

※熟語に返読する場合は、熟語の間に「－」（傍線やハイフンなどとよぶ）をつけ、その左横に返り点をつける。

(1)

□ □ □レ □ □ □レ □レ □

1 2 4レ 3 5 8レ 7レ 6

返り点のない漢字は上から下に読む。レ点は直後の漢字から返って読む。レ点が続く場合は下から順に返る。

(2)

□ □三 □ □二 □ □ □一 □

1 7三 2 6二 3 4 5一 8

一二三点は、まず三点・二点のついた漢字は飛ばして読む。一点の漢字を読んだら、二点、三点へと返って読む。

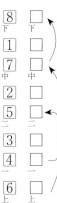

(3)

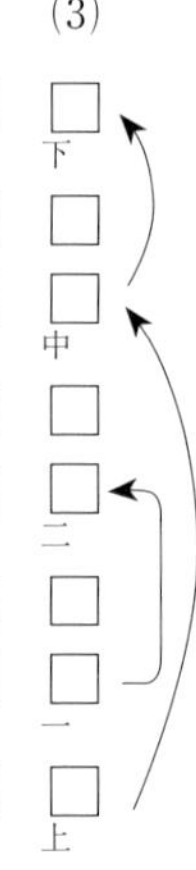

□下 □ □中 □ □二 □ □一 □上

8下 1 7中 2 5二 3 4一 6上

上中下点は、一二点を読んだ後、上→中→下点の順に読む。

練習問題

問一　次の空欄に読み順を記せ。

① □レ□□□レ□

② □□二□□一

③ □下□二□□一□上

④ □下□□中□二□□一□上

⑤ □乙□下□二□□一□□上□甲

問二　次の数字にしたがって返り点をつけよ。

① [1] [4] [3] [2] [5]

② [2] [1] [3] [6] [4] [5]

③ [1] [6] [2] [5] [3] [4]

④ [6] [3] [1] [2] [4] [5]

⑤ [8] [5] [3] [1] [2] [4] [6] [7]

練習問題解答

問一　①＝[2]レ[1] [3] [5]レ[4]　②＝[1] [4]二[2] [3]一　③＝[5]下[3]二[1] [2]一[4]上　④＝[7]下[1] [6]中[4]二[2] [3]一[5]上　⑤＝[8]乙[6]下[3]二[1] [2]一[4] [5]上[7]甲　〔解説〕①～⑤とも返り点の基本にしたがって読めばよい。注意点として、一二点はまず二点を飛ばして読み、一点を読んでから二点に返る。上下点や甲乙点も同様に、はじめは下点や乙点を飛ばして読む。

問二　①＝[1] [4]レ[3]レ[2] [5]　②＝[2]レ[1] [3] [6]二[4] [5]一　③＝[1] [6]三[2] [5]二[3] [4]一　④＝[6]下[3]二[1] [2]一[4] [5]上　⑤＝[8]乙[5]下[3]二[1] [2]一[4]上[6] [7]甲　〔解説〕①～⑤ともレ点、一二点、上下点、甲乙点の優先順位をよく考える。なお③は、二点からさらに一字以上離れた漢字に返るので、一二三点になる。

3 送りがなと返り点

次に実際の漢文を例にいろいろな返り点を学ぶ。漢字の右下に書かれているカタカナは、送りがなである。送りがなは、漢字だけで書かれた漢文に、日本語の助詞や助動詞、動詞の活用語尾などを補い、日本語としてどのように読むかを示したものである。

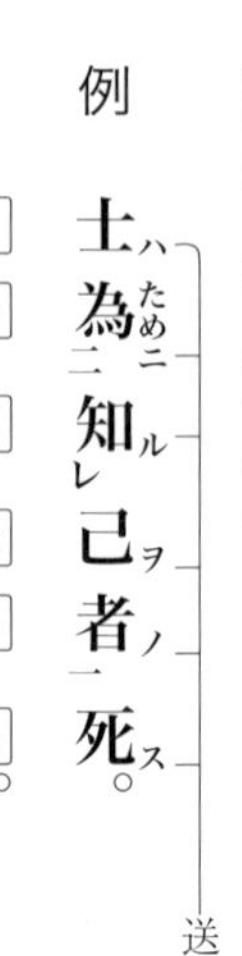

読み＝士は己を知る者の為に死す。

(1)
非ザルレ無キ二賢人一也なり。（賢人無きに非ざるなり）

4レ 3二 1 2一 5。

レ点の直後に二点があるので、はじめは飛ばして読む。一点から二点に返った後、レ点にしたがって一字返る。3から4は一字返るだけなので、三点ではなくレ点。

× 4三 3二 1 2一 5。

(2)
子無カレ二敢ヘテ食ラフコトレ我ヲ。（子敢へて我を食らふこと無かれ）

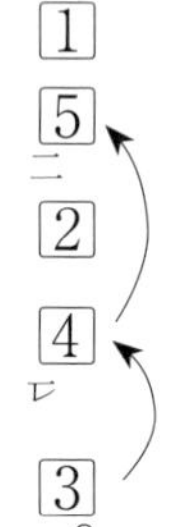

㆑点は、まず直後の漢字から返り（レ点が優先）、さらに二点に返って読む。なお原理上、㆓㆑や㆘㆑はありえない。

×□□㆑□□□一

(3)
吾日ニ三-省スニ吾ガ身ヲ一。（吾日に吾が身を三省す）

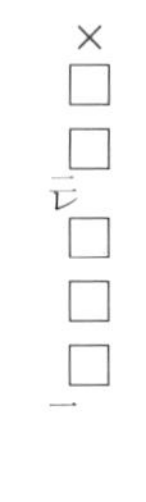

ハイフンが添えられた漢字に返る場合、熟語全体に返る。

現代語訳
例＝士は自分を理解してくれる人のために命を捨てる。(1)＝賢人はどこにでもいる。(2)＝あなたは決してわたしを食べてはいけません。(3)＝わたしは一日に自分の言動を何度も反省する。

練習問題

問三　次の空欄に読み順を記せ。

①　□二□レ□□一

②　□レ□二□□一

③　□二□□㆑□

④　□下□二□□一□上レ□

⑤　□□二-□□□一

問四　次の空欄を中の数字にしたがって読むとき、返り点の間違いを正せ。

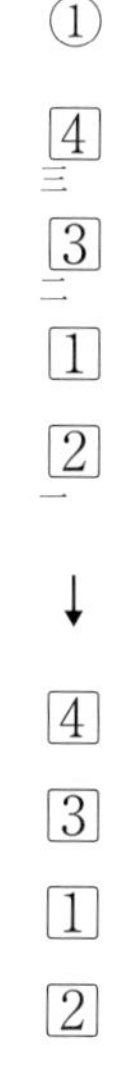

①　4三3二1 2一 → 4 3 1 2

②　1 5二2 4レ3一 → 1 5 2 4 3

問五　括弧内の読み方にしたがって、白文に返り点と送りがなをつけよ。（白文→14頁）

①　転禍為福。（禍を転じて福と為す）

②　楚人有渉江者。（楚人に江を渉る者有り）

練習問題解答

問三　①＝4二2レ1 3一　②＝4レ3二1 2一　③＝4二1 3㆑2　④＝6下3二1 2一5上レ4　⑤＝1 4二-5 2 3一　〔解説〕①②レ点と一二点の連続、③㆑点、④上レ点、⑤ハイフンに注意。㆑点・上レ点は、レ点から先に読む。

問四　①＝4レ3二1 2一　②＝1 5二2 4㆑3　〔解説〕①直前の字に返るときはレ点であり、三点ではない。②3から4は直前の字に返るので、レ点は正しい。4から5は間に一字以上挟むので、4の下に一点、5の下に二点。よって、4の下は㆑点。

問五　①＝転ジテレ禍ヲ為スレ福ト。　②＝楚人有リ二渉ルレ江ヲ者一。〔解説〕返り点は漢字の左下に、送りがなは右下にカタカナで書く。現代語訳は以下の通り。①＝災いを一転させて幸福にする。②＝楚の国の人に長江を渡る者がいた。

書き下し文

書き下し文（読み下し文）とは、返り点や送りがなをつかって、漢文を漢字かな交じりの文に改めたものである。漢文を読む順序を示すものなので、必ず書き下し文を読める・書けるようになってほしい。

書き下し文の基本法則

1 返り点と送りがなにしたがって漢字をならべ直す。

2 漢字は漢字のままに、送りがなはひらがなに改める。送りがなは歴史的かなづかいを原則とする。

3 置き字はないものとして扱う（20頁）。

4 再読文字は一度目は漢字と送りがなで、二度目はひらがなで記す（30頁）。

5 書き下し文にしたとき、日本語の助詞・助動詞にあたる漢字はひらがなに改める。

(1) 知(しルハ)ㇾ臣(しんヲ)莫(なシ)ㇾ若(しクハ)ㇾ君(きみニ)。

↓ [2]ㇾ [1] [5]ㇾ [4]ㇾ [3]。

↓臣を知るは君に若くは莫し。……書き下し文

(2) 君(くん)子(し)之(の)交(まじハリハ)、淡(あはキコト)若(ごとシ)ㇾ水(みづノ)。

↓君子の交はりは、淡きこと水のごとし。

＊書き下し文には振りがなは書かない。

＊「之」（の）は日本語の助詞に、「若」（ごとシ）は日本語の助動詞にあたるので、ひらがなに改める。

※ひらがなに改める漢字（助詞・助動詞にあたる漢字）で、漢文でしばしばつかわれるもの。

漢字	読み	句法・語法
不・弗	ず	否定（44頁）
見・被	る・らル	受身（68頁）
使・令	しム	使役（62頁）
可	ベシ	可能・許可（86頁）
若・如	ごとシ	比況（124頁）
也	なり	断定をあらわす（20頁）
之	の	所有格の「の」（178頁）
者	は	主題の提示（175頁）
自・従	より	起点をあらわす（178頁）
与	と	並列をあらわす（177頁）
耶・邪	か・や	疑問・反語（50頁）
乎・哉・夫	かな	詠嘆（136頁）
耳・已・爾	のみ	限定（110頁）

練習問題

問一　次の各文を書き下し文にせよ。

① 天長地久。

書〔　　　　　　　　〕。

訳　天は永遠であり、地は悠久のものである。

② 不レ在二其位一、不レ謀二其政一。

書〔　　　　　　　　〕。

訳　しかるべき地位にいなければ、政治について語らない。

③ 唯仁者能好レ人能悪レ人。

書〔　　　　　　　　〕。

訳　ただ仁者だけが人を愛し人を憎むことができる。

④ 身与レ名倶滅。

書〔　　　　　　　　〕。

訳　からだは名と一緒に滅んだ。

問二　書き下し文を参考にして白文に返り点をつけよ。

① 禍福無不自己求之者。

書　禍福は己より之を求めざる者無し。

訳　禍と幸福は自分から招かないものはない。

② 但恐不獲死所耳。

書　但だ死所を獲ざるを恐るるのみ。

訳　ただ死に場所を得られないのを恐れているだけだ。

練習問題解答

問一　①＝天は長く地は久し　②＝其の位に在らずんば、其の政を謀らず　③＝唯だ仁者のみ能く人を好み能く人を悪む　④＝身は名と倶に滅ぶ　〔解説〕①は返り点がないので、上から下に読む。②③返り点に注意。また②「不」は日本語の助動詞にあたるのでひらがなで、④「与」は日本語の助詞にあたるのでひらがなで書く。

問二　①＝禍福無下不二自レ己求一レ之者上。　②＝但恐レ不レ獲二死所一耳。〔解説〕①②ともやや難。①「自」は「―から」を意味し、「より」と読む。書き下し文では日本語の助詞にあたるので、ひらがなにする。②「耳」は「―だけだ」を意味し、「のみ」と読む。書き下し文ではひらがなにする。今後何度も出てくるので、どの漢字がひらがなになるのか、その都度右の表を参照してほしい。

置き字

置き字とは、漢文を訓読するときに読まない漢字であり、書き下し文にするときも、置き字はないものとして扱われる。まず置き字の種類を覚え、置き字のある文章を訓読できるようにしてほしい。

1 置き字の種類

置き字の種類は多数あるが、覚えておく必要があるのは、次の八種類である。左の表には置き字の置かれる場所や文法的な意味・用法も記しているが、最初は置き字の種類を覚えるだけでよい。置き字につまずくことなく漢文を読めるようになってから、改めて学ぶとよい。

置き字	場所	意味・用法
於	文中	対象・目的・場所・時間・起点・受身・比較
于		
乎		
矣	句末・文末	断定・肯定・完了
焉	句末・文末	断定・疑問・感嘆
也	句末・文末	断定
而	句頭・文頭・文中	順接・逆接
兮	文中・文末	リズムを整える

※「也」は置き字の一種であるが、最近では「なり」と読むことも多い（23頁）。

2 置き字と書き下し文

置き字は、文字としては存在するので、①返り点をつけるときは、一字として扱う。ただし、②読むときはないものとして扱う（読まない）。また書き下し文を作るときも、ないものとして扱う（書かない）。

(1) 孔子西ノカタ遊ブ二於衛ニ一。

① 置き字も一字として考えるので一二点をつかう。

書　孔子（こうし）西（にし）のかた衛（えい）に遊（あそ）ぶ。

② 訓読・書き下し文には置き字は反映されない。

訳　孔子は西方の衛の国に遠出（とおで）した。

練習問題

問一　次の空欄を埋めよ。

①　孔子遊ブ二於大山ニ一。
書　孔子〔　　　　〕。
訳　孔子は大山（＝泰山）に出かけた。

②　盤庚遷ラントス二于殷ニ一。
書　盤庚〔　　　　〕。
訳　盤庚（王様の名）は殷（都市名）に遷都しようとした。

③　天ハ先チ二乎地ニ一、君ハ先ツ二乎臣ニ一。
書　天は〔　　　　〕、君は〔　　　　〕。
訳　天は地よりも先にあり、君は臣よりも先にある。

④　鄭君已ニ立ツ二太子ヲ一矣。
書　鄭君已に太子を〔　　〕。
訳　鄭国の君主はすでに太子を立てていた。

⑤　南方有リレ鳥焉、名ヅケテ曰フ二蒙鳩ト一。
書　南方に鳥〔　　　〕、名づけて蒙鳩と曰ふ。
訳　南方に鳥がおり、蒙鳩といった。

⑥　太史ハ拠リテレ法ニ而争フレ之ヲ。
書　太史は法に〔　　　〕之を争ふ。
訳　太史（史官）は法を根拠にこれを争った。

⑦　長太息シ以テ掩ヒレ涕ヲ兮、哀レム二民生之多艱ヲ一。
書　長太息し以て涕を〔　　　〕、民生の多艱を哀れむ。
訳　長いため息をついて涙を拭い、人生の多難を哀しむ。

練習問題解答

問一　①＝大山に遊ぶ　②＝殷に遷らんとす　③＝地に先ち・臣に先つ　④＝立つ　⑤＝有り　⑥＝拠りて　⑦＝掩ひ　〔解説〕書き下し文では、置き字は書かない。①「於」、②「于」、③「乎」、④「矣」、⑤「焉」、⑥「而」、⑦「兮」が置き字。

3 置き字と送りがな

置き字は、読まない漢字であるが、意味がないわけではない。ただ中国の古典語である漢文を日本語として擬似的に読もうとするとき、置き字を活かして読むことが難しいため、読まない・書き下し文に記さないというだけである。

(1) 季康子問フ㆓政ヲ於孔子ニ㆒。

「孔子」の送りがなにあらわれる

書　季康子（きかうし）政（まつりごと）を孔子（こうし）に問（と）ふ。

訳　季康子は政治のことを孔子にたずねた。

右の「於」は、「問」という動詞の対象として「孔子」をとることを示したもので、日本語として考えれば、おおよそ「孔子に」の「に」にあたる。したがって「孔子」の送りがなに「ニ」と添えられているのである。

ことさら置き字の意味を深く学ぶ必要はないが、基礎編で受身や比較の形を学習する際、触れることになるので、置き字にも文法的な意味があるということを覚えておくとよいだろう。

4 「置き字」の訓

「於・焉・而」などの漢字は、置き字として読まないことが多い。しかしこれらの漢字も、置き字として扱わず、読む場合がある。読む場合は、置き字の用法がより鮮明になるので、少し難しいが、次の表で意味を確認してほしい。

置き字	読み	意味・用法
於㆓―㆒	―(ニ)おイテ・おケル	―に対して・―にある・
于㆓―㆒	―(ニ)おイテス	―とする
―㆑焉	ここ(ニ)・これ(ニ・ヲ) ―・これ(ヨリ)―	ここに―・これに―・ これより―
―也	―なり	―である
―而…	しかシテ・しかうシテ しかルニ・しかレドモ	そして(順接) しかし(逆接)

「於」「于」は、日本語の「―において」とほぼ同じ意味。読むときは必ず返読する。前後の内容によって、「―について・―に対して・―との関係は」など、さまざまな訳語が当てられる。また、動詞化して「―(ニ)おイテス」と読むことがある。

「焉」は文末に置かれ、「ここニ―」「これニ―」「これヲ―」「これヨリ―」などと読むことがある。その場合は「―二於是一(是に―す)と同じで、「ここに・これに・これを・これより」という指示代名詞としての意味をもつ。

「―也」は、「―なり」と読み、「―である」という断定の意味を添える。文末・句末に置かれ、体言や連体形に接続する。

(1) 臣ハ相レスル剣ヲ者也。(連体形)

書 臣(しん)は剣(けん)を相(さう)する者(もの)なり。

訳 私は剣を鑑定する人間です。

「而」は順接・逆接の接続詞的な意味をあらわす。順接は「しかシテ・しかうシテ」などと読み、「そして」くらいの意味。逆接は「しかルニ・しかレドモ」などと読み、「しかし」の意味。送りがなに「シテ・ルニ」などがあれば、読めるようにしておこう。

練習問題

問二 次の空欄を埋めよ(書はすべてひらがなで記せ)。

① 人臣之於二ケル其ノ君一ニ、非レあらザル有二ルニ骨肉之親一也。

書 人臣の其の君に〔　　　〕、骨肉の親有るに非ざるなり。

訳 臣下は君主に対して、血縁による親しみがあるわけではない。

② 必ズ不レずシテ得レえ已ムヲやムヲ而去ラバ、於イテ二斯ノこノ三者一ニ何ヲカ先ニセン。

書 必ず已むを得ずして去らば、斯の三者に〔　　　〕何をか先にせん。

訳 どうしても除くならば、この三者の中から何を先にすればよいか。

③ 害ハ莫レなシ大ナルハレ焉ヨリ。

書 害は〔　　　〕大なるは莫し。

訳 害悪でこれ以上のものはない。

(次頁へつづく)

④ 為(セバ)レ之(ヲ)人也、舎(ツレバ)レ之(ヲ)禽獣(きんじふ)也。

書 之を為せば人（　　）、之を舎つれば禽獣（　　）。

訳 これをすれば人だが、やらなければ動物と同じだ。

問三 書き下し文にしたがって、次の白文に返り点をつけよ。

① 楚人献黿於鄭霊公。

書 楚人黿(べつ)を鄭の霊公に献ず。

訳 楚国の人がすっぽんを鄭の霊公に献上した。

② 氷水為之而寒於水。

書 氷は水之を為(な)せども水よりも寒し。

訳 氷は水から作るが水よりも冷たい。

問四 次の空欄を埋めよ（送りがなを省いたところがある）。

① 以(テ)三地近(キヲ)二其(ノ)郷里(ニ)一寵(ちやう)レ之(ヲ)也。

書 地其の郷里に近きを以て之を寵（　　　　）なり。

＊寵＝寵す（終止形）

訳 地元が自分の田舎に近いことからこれを寵愛した。

② 趙(ハ)予(あたフ)レ璧(へきヲ)、而秦(ハ)不レ予(ヘ)二趙(ニ)城(ヲ)一。

書 趙は璧を予ふ、（　　　　）秦は趙に城を予へず。

訳 趙は璧玉を与えたが、秦は趙に城市を与えなかった。

練習問題解答

問二 ①＝おける ②＝おいて ③＝これより ④＝なり・なり 〔解説〕①②「於」を読む場合は、「おイテ・おケル」などと読む。なお②の「而」は置き字として扱われている。③「焉」は「ここ・これ」などと読む。ここでは「これヨリ」と読み、比較を意味している（122頁）。④「也」は「なり」と読む。現在はひらがなで書くことが多い。体言や連体形に接続する。なおこれは『荀子』からの引用で、「これ」とは「学問」のこと。

問三 ①＝楚人献二黿於鄭霊公一。②＝氷水為レ之而寒二於水一。〔解説〕①「於」、②「而」「於」に注意する。

問四 ①＝する ②＝而るに（而れども） 〔解説〕①「也」は「なり」と読まれているので、「寵す」は連体形にする。②「而」はさまざまな読まれ方をするが、読みが問われている場合は、まず順接・逆接の可能性を考える。ここは逆接と考えられるので、「しかルニ」または「しかレドモ」などと読む。

力だめし

次の文章を書き下し文にせよ。

宋(そう)[注1]人(ひと)ニ有リ㆓耕スㆾ田ヲ者㆒。田中ニ有リㆾ株。兎(うさぎ)走リ、触レテㆾ株ニ折リテㆾ頸(くび)ヲ而死ス。因(よ)リテ釈(す)テテ㆓其(そ)ノ耒(すき)[注2]ヲ㆒而守リㆾ株ヲ、冀(こひねが)[注3]フ㆓復(ま)タ得(え)ンコトヲ㆒ㆾ兎ヲ。兎不(ず)シテㆾ可(べ)カラ㆓復タ得㆒、而身為ル㆓宋国ノ笑(わら)ヒト㆒。

（『韓非子(かんぴし)』による）

（注）1 宋――春秋戦国時代にあった国名。
2 耒――すき。農耕具の一種。
3 冀――願う。

〔解答〕

宋人に田を耕す者有り。田中に株有り。兎走り、株に触れて頸を折りて死す。因りて其の耒を釈てて株を守り、復た兎を得んことを冀ふ。兎復た得べからずして、身宋国の笑ひと為る。

〔現代語訳〕

宋国の人に畑を耕す人がいた。畑の中に木の切り株があった。兎が走ってきて、株にぶつかり首の骨を折って死んだ。そこで〔畑を耕していた人は〕自分のすきを捨てて株を見守り、ふたたび兎を手に入れようとした。〔しかし〕兎は二度と手に入れることはできず、その人は宋国の笑いものになった。

〔解説〕

返り点の諸法則にしたがって書き下せばよい。注意点としては、一レ点（三行目）は、直後の漢字から返読し（レ点）、さらに二点へ返読する（14頁）。また「而」（二行目）は、ここでは置き字となっているので、書き下し文にするときは無視する。「可」（三行目）は、読むと日本語の助動詞（べし）になるので、書き下し文にするときはひらがなにする。なお「不ㆾ可㆓―㆒」は「―できない」の意。

かなづかい・古典文法

かなづかい

漢文訓読では、一般に古文と同じく**歴史的かなづかい**（歴史的仮名遣い）が用いられる。そこで主な読み方を確認しておく。

(1)ワ行「ゐ・ゑ・を」はア行「イ・エ・オ」で発音し、ダ行「ぢ・づ」はザ行「ジ・ズ」で発音する。

（例）用（キル）〔歴〕もちゐる → 〔音〕モチイル

（例）汝〔歴〕なんぢ → 〔音〕ナンジ

(2)語頭以外の八行「は・ひ・ふ・へ・ほ」はワ行「ワ・イ・ウ・エ・オ」で発音する。ただし「頭髪（とうはつ）」のような複合語や「甚だ（はなは）」**は除く**（そのまま「は」と発音する）。

（例）曰（ハク）〔歴〕いはく → 〔音〕イワク

(3)漢字の読みをローマ字で書き、**二重母音**（母音［a・i・u・e・o］が重なるもの）である場合は次のようになる。

Ⅰ au（アウ）となるものは ō（オー）と発音し、現代かなづかいでは「おう」と書く。
（例）王〔歴〕わう→〔音〕オー〔現〕おう

Ⅱ iu（イウ）となるものは yū（ユー）と発音し、現代かなづかいでは「ゆう」と書く。
（例）宮〔歴〕きう→〔音〕キュー〔現〕きゅう

Ⅲ eu（エウ）となるものは yō（ヨー）と発音し、現代かなづかいでは「よう」と書く。
（例）妾〔歴〕せう→〔音〕ショー〔現〕しょう

※「けふ」「きふ」などは、まず(2)で「ケウ」「キウ」となり、さらに(3)で「キョー」「キュー」と読むので注意する。

発展　現在の大学入試では、一部の大学を除いて、現代かなづかいでの解答が認められている（現代かなづかい指定の場合もある）。そこで入試対策に限れば、**歴史的かなづかいを正しく発音する**という点が求められる。例えば「曰はく」は歴史的かなづかいで表現すれば「いはく」となるが、発音上は「いわく」となることがわかっていれば十分といえる。

なお字音かなづかい（漢字の音読み）も、入試ではしばしば歴史的かなづかいが使われる。ただし学問的に不明な点も多いので、現代の発音で記述しても問題はない。

古典文法の確認

漢文訓読は日本の古典文法に従うため、基本は学校等で習う古文文法（平安期の文法）と同様である。ここでは活用や接続を確認しつつ、**古文文法と異なる点**をとりあげる。

1、漢文訓読における用言（動詞、形容詞、形容動詞）

■動詞

活用の種類	例語	語幹	未然形	連用形	終止形	連体形	已然形	命令形
四段活用	来たる	きた	ら	り	る	る	れ	れ
上二段活用	用ふ	もち	ひ	ひ	ふ	ふる	ふれ	ひよ
下二段活用	得	（う）	え	え	う	うる	うれ	えよ
上一段活用	見る	（み）	み	み	みる	みる	みれ	みよ
下一段活用	蹴る	（け）	け	け	ける	ける	けれ	けよ
サ行変格活用	す	（す）	せ	し	す	する	すれ	せよ
ラ行変格活用	有り	あ	ら	り	り	る	れ	れ

訓読では

① カ行変格活用とナ行変格活用は原則として用いない。

古文文法 → 漢文訓読

「来（く）」（カ変） → 「来（き）たる」（カ行四段）

「死（し）ぬ」（ナ変） → 「死（し）す」（サ変）

「往（い）ぬ」（ナ変） → 「往（ゆ）く」（カ行四段）

② 「用ゐる」（ワ行上一段活用）もあるが、「用ふ」（ハ行上二段活用）で用いられることが多い。

③ ラ行変格活用は「有（あ）り（在（あ）り）」のみだと考えればよい。

・「居（を）り」は「居（を）る」（ラ行四段活用）で用いることが多い。

・「侍（はべ）り」は「侍（じ）す」（サ行変格活用）で用いることが多い。

・「いまそかり」は用いない。

■形容詞

活用の種類	例語	語幹	未然形	連用形	終止形	連体形	已然形	命令形	
ク活用	赤し	あか	（く）	く	し	き	けれ	○	本
			から	かり		かる	○	かれ	補
シク活用	悲し	かな	（しく）	しく	し	しき	しけれ	○	本
			しから	しかり		しかる	○	しかれ	補

※古文文法と同じく、活用表の左側の活用「（し）から・（し）かり……」は補助活用と呼ばれ、主に助動詞が接続する際に用いる。

■形容動詞

活用の種類	例語	語幹	未然形	連用形	終止形	連体形	已然形	命令形
ナリ活用	静かなり	しづか	なら	なり ／ に	なり	なる	なれ	なれ
タリ活用	堂々たり	だうだう	たら	たり ／ と	たり	たる	たれ	たれ

※古文文法と同じく、連用形「に・と」は、主に用言や連用形接続の接続助詞等、助動詞以外のものが接続する際に用いる。

2、漢文訓読における主な助動詞と接続助詞

■助動詞

基本形	未然形	連用形	終止形	連体形	已然形	命令形	用法	接続
る	れ	れ	る	るる	るれ	れよ	受身	四段・ラ変・ナ変の未然形
らる	られ	られ	らる	らるる	らるれ	られよ		右以外の未然形
しむ	しめ	しめ	しむ	しむる	しむれ	しめよ	使役	未然形
ず	（ず）／ざら	ず／ざり	ず	○／ざる	○／ざれ	○／ざれ	否定	
ん	○	○	ん	ん	○	○	推量 意志	
き	せ	○	き	し	しか	○	過去	連用形 ※サ変の未然形にも接続する
たり	たら	たり	たり	たる	たれ	たれ	完了 存続	連用形
り	ら	り	り	る	れ	れ		四段の已然形（命令形）サ変の未然形
べし	（べく）／べから／べけ	べく／べかり	べし	べき／べかる	べけれ／○	○	可能 許可	終止形 ※ラ変型には連体形接続
なり	なら	なり／に	なり	なる	なれ	なれ	断定	連体形 体言
たり	たら	たり／と	たり	たる	たれ	たれ	断定	体言
ごとし	ごとく	ごとく	ごとし	ごとき	○	○	比況	体言（の） 連体形（が）

訓読では

①「る」「らる」→用法は原則として「受身」のみである。

②「ず」→「ぬ」（連体形）「ね」（已然形）はない（「不」による）。

③「ん」→「む」とは表記しない。なお「め」（已然形）はない。

④「べし」→未然形の「べから」は「ず」（否定）が接続、「べけ」は「んや」（反語）が接続する場合に用いる。

■主な接続助詞

語	主な用法と意味	接続
ば	順接の仮定条件（〜ならば・〜たら）	未然形
ば	順接の確定条件（〜ので・〜と・〜ところ） 順接の仮定条件（〜ならば・〜たら）	已然形
て	単純接続（〜て・〜して）	連用形
して	逆接の確定条件（〜だが・〜けれど） 逆接の仮定条件〈たとえ〉〜しても	連用形
とも	逆接の仮定条件〈たとえ〉〜しても	終止形
ども	逆接の確定条件（〜だが・〜けれど）	已然形
も	逆接の確定条件（〜だが・〜けれど）	連体形
に	順接の確定条件（〜ので・〜と・〜ところ） 逆接の確定条件（〜けれど・〜のに）	連体形

訓読では

「ば」について基本は仮定条件なら未然形、確定条件なら已然形に接続する。ただし、已然形接続でも仮定条件の場合がある。

（例）**有**(あレバ)ﾚ**備**(そなヘ)**無**(なシ)ﾚ**患**(うれヒ)。

書　備へ有(あ)れば患ひ無し。

訳　備えがあるならば、心配ない。

練習問題

問一　次の語をひらがな（現代かなづかい）に改めよ。

①　遣(つか)はす　②　率(ひき)ゐる　③　白(まう)す　④　及第(きふだい)

（　　　　）（　　　　）（　　　　）（　　　　）

問二　次の漢文の書き下し文にある空欄を、現代語訳と活用に注意して埋めよ（送りがなを省いたところがある）。

①　歳(さい)月(げつ)不(ず)ㇾ待ㇾ人(ひとヲ)。

書　歳月人(さいげつひと)を待(ま)（　　）ず。

訳　年月は人を待ってくれない。

②　明(めい)月(げつ)来　相(あひ)照(てラス)。

書　明月来(めいげつき)（　　）て相照(あひて)らす。

訳　明るい月の光が私を照らしてくれる。

③　死　必(かならズ)赴(つグ)。

書　死(し)（　　）ば必(かなら)ず赴(つ)ぐ。

訳　死んだら、必ず急いで知らせる。

④　無二故(こ)人(じん)一。

書　故人無(こじんな)（　　）ん。

訳　親友もいないだろう。

⑤　可ㇾ罵(ル)乎(や)。

書　罵(ののし)るべ（　　）んや。

訳　大声で責めてよいのだろうか、いや、よくない。

練習問題解答

問一　①＝つかわす　②＝ひきいる　③＝もうす　④＝きゅうだい

〔解説〕①基本、語頭以外のハ行はワ行にする。②ワ行はア行にする。③mau（マウ）でmō（モー）と読み、「もうす」と書く。④「きうだい」では誤り。kiu（キウ）でkyū（キュー）と読み、「きゅうだい」と書く。「及第」は科挙などの試験に合格すること。

問二　①＝た　②＝たり　③＝せ　④＝から　⑤＝け　〔解説〕①助動詞「ず」が続くので未然形「待た」。②四段動詞「来(き)たる」。接続助詞「て」が続くので連用形「来たり」。③サ変動詞「死す」。接続助詞「ば」は現代語訳によると仮定条件なので、ここは未然形「死せ」。④形容詞は助動詞が接続する場合、補助活用になる。助動詞「ん」が続くので未然形「無から」。⑤助動詞「べし」の直後に「んや」（反語）が続いているので、未然形「べけ」になる。

再読文字

再読文字とは、漢文を読むときに二度（＝再度）読む漢字のこと。一度目は副詞的に読み、二度目は助動詞的な読み方をする（助動詞については28頁参）。特殊な読み方をするので、再読文字の種類・読み方をしっかり覚えよう。

1 再読文字の種類

再読文字は訓読において特殊な読み方をする漢字であり、それぞれの漢字にさまざまな意味がある。再読文字の種類は多数あるが、覚えておく必要があるのは、次の八種類（左図の赤字）である。

再読文字	読み	意味
未二—一	いまダ—（セ）ず	まだ—しない
将二—一	まさニ—（セント）す	（いまにも）—しようとする
且二—一		
当二—一	まさニ—（ス）べシ	①—しなければならない ②（きっと）—だろう
応二—一		
須二—一	すべかラク—（ス）べシ	—する必要がある
宜二—一	よろシク—（ス）べシ	—するのがよい
猶二—一	なホ—（ノ・ガ）ごとシ	ちょうど—のようだ・ちょうど—と同じようなものだ
由二—一		
盍二—一	なんゾ——（セ）ざル	どうして—しないのか（—せよ）
蓋二—一		

2 再読文字の読み方と書き下し文

再読文字は、まず①返り点を無視して、漢字を読み（振りがな・送りがなは右側）、次に②返り点の順序にしたがって読む（振りがな・送りがなは左側）。書き下し文を作る順序もこれと同じだが、最初は「漢字＋送りがな」、二度目はすべてひらがなで記す。

(1) 知ルモ二其ノ一ヲ一、未ダレ知ラ二其ノ二ヲ一。

書　其の一を知るも、未だ其の二を知らず。

訳　物事の一端を知るだけで、まだそれ以外は知らない。

練習問題

問一　次の空欄を埋めよ（書はすべてひらがなで記せ）。

① 天命未(ダ)レ改(マラ)。

書　天命（　　）改まら（　　）。

訳　天命はまだ改まっていない。

② 伯禽将(ニ)レ帰(セント)二於魯(ニ)一。

書　伯禽（　　）魯に帰せんと（　　）。

訳　伯禽（人名）はちょうど魯に赴こうとしていた。

③ 兵且(ニ)レ至(ラント)矣。

書　兵（　　）至らんと（　　）。

訳　軍隊がちょうど到着しようとしていた。

④ 当(ニ)(シ)レ顧(ミル)二国家(ノ)大体(ヲ)一。

書　（　　）国家の大体を顧みる（　　）。

訳　国家のあるべき形を考えなければならない。

⑤ 宜(シク)(シ)レ師(トス)二古聖賢人(ヲ)一。

書　（　　）古聖賢人を師とす（　　）。

訳　古代の聖人や賢人を見本とするのがよい。

⑥ 殷鑑不(レ)遠(カラ)、須(ラク)(シ)レ防(グ)二其(ノ)漸(ヲ)一。

書　殷鑑遠からず、（　　）其の漸を防ぐ（　　）。

訳　殷鑑遠からず（＝手本とすべきは身近にある）、その徴候を防ぐ必要がある。

⑦ 過(ギタルハ)猶(ホ)(シ)レ不(ルガ)レ及(バ)。

書　過ぎたるは（　　）及ばざるが（　　）。

訳　やり過ぎは足りないのと同じようなものである。

⑧ 盍(ゾ)(ル)三各(おのおの)(ハ)言(ハ)二爾(なんぢ)(ノ)志(ヲ)一。

書　（　　）各爾の志を言は（　　）。

訳　どうしてそれぞれ自分の考えを述べないのか（述べよ）。

（解答は33頁）

3 「再読文字」の再読文字以外の用法

発展 「将・且・当」などの漢字は、再読文字の用法のほかに、さまざまな読み・意味をもっている。ここでは代表的な用法や再読文字との見分け方を学ぶ。

漢字	読み	意味
将	しやう	将軍
将ニ――一	―(ヲ)ひきヰル	―を率いる
且	かツ	さらに・また
	しばらク	すこしの間
当ニ――一	―(ニ)あタリ	―に的中する・―に匹敵する・―に対して
須ニ――一	①―(ヲ)もとム・もちヰル ②―(ヲ)まツ	①―を必要とする ②―を待つ
宜	①むべ(ナリ) ②よろシ	①当然である ②よろしい
猶―	なホ―	なおも―
蓋―	けだシ―	思うに―

※「宜」(むべ)は、感嘆の「哉・乎」などをともない、定型的に「宜哉」(むベナルかな・当然のことだ)の形をとることが多い。

※上の漢字以外にも、再読文字の用法をもつ漢字には、さまざまな読み・意味がある。しかしそれらの多くは、振りがなが添えられているので、その読み方にしたがって解釈すればよい。

4 再読文字の見分け方

発展 再読文字とそれ以外の用法を見分けることは、漢文の意味を正しく捉える上で重要である。ここでは基本的な見分け方を説明しておきたい。

(1)返り点の有無

再読文字は、必ず返り点をともなう(二度目の読みがあるため、必ず下の文字から返って読まれる)。したがって、返り点がない場合は再読文字ではない。

(2)「将ニ――一」「当ニ――一」「須ニ――一」など

再読文字の用法でなくとも、返り点をともなう場合がある(動詞として読む場合など)。再読文字でない場合は、「―」には体言(または連体形)が入る。しかし再読文字は必ず「―」に活用語が入る。再読文字かどうか迷った場合は、どの品詞から返読されているかを確認すればよい。

練習問題

問二　次の空欄を埋めよ（書はすべてひらがなで記せ）。

①　先生仁ニシテ且ツ勇ナリ。

書　先生は仁にして〔　　　　〕勇なり。

訳　先生は仁の徳があるばかりか、さらに勇気もある。

②　文公之霸ヤ、宜ナル哉。

書　文公の覇や、宜なるかな。

訳　文公が覇者となったのも、〔　　　　　〕。

③　吾至ルモ城下ニ、彼猶ホ不レ降ラ。

書　吾城下に至るも、彼猶ほ降らず。

訳　わが軍が城壁にまで迫っても、彼は〔　　　　　〕降伏しなかった。

④　蓋シ天下之平ラカナルコト久シ矣。

書　蓋し天下の平らかなること久し。

訳　〔　　　　　〕長らく天下は太平無事だ。

⑤　当タリテハレ仁ニ不レ譲ラ二於師ニモ一。

書　仁に〔　　　　〕師にも譲らず。

訳　仁に対しては師（先生）であっても譲歩しない。

練習問題解答

問一　①＝いまだ・ず　②＝まさに・す　③＝まさに・す　④＝まさに・べし　⑤＝よろしく・べし　⑥＝すべからく・べし　⑦＝なほ・ごとし　⑧＝なんぞ・ざる　〔解説〕①〜⑧はいずれも再読文字の基本的な読み方。⑥は故事成語。殷王朝が手本（＝鑑）とすべきものは、遠くの過去に求めなくとも、前代の夏王朝にある、という意味から来ている。

問二　①＝かつ　②＝当然であろう　③＝なおも　④＝思うに　⑤＝あたりては　〔解説〕再読文字か否かを見極めるには、活用語から返読しているかどうかを確認する。①は返読せず、かつ名詞と名詞をつないでいるので、「かツ」。②は「宜哉」で「むベナルかな」と読む定型的な表現。③は返読していないので、「なホ」。④は話題を起こし、かつ返読していないので、「けだシ」。⑤名詞「仁」から返読しているので、「当」は「あタル」。ここでは「─は…ではない」という文章なので、「あタリテハ」と読んでいる。

読解の手引き①

次の文章は、「つじつまの合わないこと」を意味する「矛盾」という故事成語のもととなった話である。これを現代語訳せよ。

楚人有鬻楯与矛者。誉之曰、「吾楯之堅、莫能陥也。」又誉其矛曰、「吾矛之利、於物無不陥也。」或曰、「以子之矛陥子之楯何如。」其人弗能応也。

（『韓非子』による）

（解答は37頁）

（注）

1　楚人―楚国の人。楚は春秋戦国時代の国名。
2　鬻―売る。
3　莫能……―……できるものはない。
4　陥―突き通す。
5　利―鋭い。
6　無不……―……しないものはない。
7　子―あなた。二人称代名詞。
8　何如―どうなるだろうか。
9　弗能……―……ができない。

〔解説〕

これまでの学習をとおして、訓読とはどのようなものか、少しずつわかってきたのではないだろうか。しかし訓読ができるだけでは、日本語として適切に理解できたことにはならない。

今回題材とした「矛盾」は日本でもよく知られた故事成語である。しかし一文一文を正確に読むには、かなりの学力が必要となる。この「矛盾」をつかって、訓読と日本語の理解＝日本語訳との違いを考えていこう。

《現代語訳の手順》

①書き下し文を作る

現代語訳する際、何となく訳してしまうと、正確な理解ができない。まずは返り点や送りがなにしたがって書き下し文を作り、それから訳すのが原則である。

> 楚人に楯と矛とを鬻ぐ者有り。之を誉めて曰はく、「吾が楯の堅きこと、能く陥すもの莫きなり」と。又其の矛を誉めて曰はく、「吾が矛の利きこと、物に於いて陥さざるもの無きなり」と。或ひと曰はく、「子の矛を以て子の楯を陥さば何如」と。其の人応ふる能はざるなり。

読みのわからない漢字や表現があったかもしれないが、ひとまず書き下し文は作れたはずである（「与」「之」「不・弗」「也」はひらがなにする。→18頁）。

②一字一字直訳する

書き下し文ができたら、それにしたがって現代語訳する。難しい語句には注がつけられているので、必ず注を参照すること。まずは書き下し文に忠実に訳してみよう。

> 楚国の人に盾と矛とを売る者がいた。これを褒めていった、「私の盾の堅いこと、突き通すできるものはない」と。またその矛を褒めていった、「私の矛の鋭いこと、物において突き通さないものはない」と。ある人がいった、「あなたの矛であなたの盾を突いたらどうなるだろうか」と。その人は答えるができなかった。

文字通り直訳すると、傍線部のようないびつな訳になってしまう。また、注がなければ意味のわからない漢字や、注を見てもなぜそのような訳になるのかわからない言葉も多いだろう。どうすれば意味の通る日本語になるのか、詳しく見ていこう。

a 「こと・もの・とき」

訓読は簡潔な表現を好むため、しばしば連体形のあとの「こと・もの・とき」が省略される。たとえば文末の「弗レ能レ応也」を直訳すると、「答えるができなかった」となるが、これは「応ふる」に「こと」を補い、「答えること」とする必要がある。

弗レ能レ応也　（注）弗レ能レ…—…ができない
答えるができなかった
↓
答えることができなかった

b 覚えなければならない漢字

次に、日本語でつかう意味からは理解しにくい漢字を見ていこう。「与」「曰」「以」である。

「与(と)」は、「楯」と「矛」という二つのものの並列をあらわす漢字。「—と…と」という意味である。

「曰(いハク)」は、終止形では「いフ」（現代かなづかいで「いウ」）と読む動詞。人物の発言や、書物の引用などをあらわす。

曰(ハク)、「—。(ト)」　書　曰はく、「—」と。
訳　いった、「—」と。／「—」といった。

「—といった」の「と」は、送りがな「—。(ト)」にあらわれており、発言の終わりの目印になる。

「以(もつテ)二—(ヲ)一」は、ここでは手段・方法・道具などをあらわし、「—によって・—で」といった意味になる。

漢文を読むためには、このような漢文に特有の漢字の読みや意味を覚える必要がある。重要漢字は語彙編に掲載しているので、基礎編の学習と並行して少しずつ覚えよう。

c 句法

重要漢字のほかにおさえておく必要があるのが、句法である。句法とは、ある漢字が一定の形に並ぶとき、きまった意味をあらわすものである。今回は、本文に用いられている句法に注をつけているが、これらは本来覚えておくべきものである。詳細は基礎編で学習するので、しっかり学んでほしい。

- 莫(なシ)二能(よク)—一　—できるものはない（不可能）→88頁
- 無(なシ)レ不(ざル)レ—　—しないものはない（二重否定）→76頁
- 何如(いかん)　どのようであるか（疑問）→80頁
- 弗(ず)レ能(あたハ)レ—　—できない（不可能）→88頁

③代名詞を具体化する

漢文にも「之（これ）」「其（その）」などの指示代名詞や、「吾（わが）」「子（し）」などの人称代名詞がある。代名詞が出てくれば、具体的に何を指すのかを明らかにしよう。たとえば、「之を誉めて曰はく」の「之（これ）」は、「楯」と「矛」を売る者が、自分の「楯」を褒めているのだから、「之」＝「楯」といった具合である。

④省略されている語を補う

直訳ができたら、主語や目的語などの抜けがないかを確認しよう。たとえば、「之を誉めて曰はく」を、「これを褒めていった」と訳すと、「誰が」いったのか、という主語が抜けていることに気づくだろう。漢文では、既に述べられた語句や自明の事柄はしばしば省略される。省略されている語を補うことで、本文を正確に理解できるようになる。

楚人有鬻楯与矛者。（鬻楯与矛者）誉之曰、「吾楯之堅…。」

⇩「誉レ之曰」＝（　　）はこれを褒めていった

盾と矛とを売る者は盾を褒めていった

以上が現代語訳の基本である。自分が書いた現代語訳と解答とを見比べて、できなかったところを確認してほしい。解答を確認したら、本文を声に出して読んでみよう。本文を繰り返し音読し、漢文のリズムや文章の書き方に慣れることが、漢文上達への第一歩となる。

《書き下し文》

楚人（そひと）に楯（たて）と矛（ほこ）とを鬻（ひさ）ぐ者有（ものあ）り。之（これ）を誉（ほ）めて曰（い）はく、「吾（わ）が楯（たて）の堅（かた）きこと、能（よ）く陥（とほ）すもの莫（な）きなり」と。又其（またそ）の矛（ほこ）を誉（ほ）めて曰（い）はく、「吾（わ）が矛（ほこ）の利（と）きこと、物（もの）に於（お）いて陥（とほ）さざるもの無（な）きなり」と。或（あ）るひと曰（い）はく、「子（し）の矛（ほこ）を以（もつ）て子（し）の楯（たて）を陥（とほ）さば何如（いかん）」と。其（そ）の人応（ひとこた）ふる能（あた）はざるなり。

解答

楚国の人に盾と矛とを売る者がいた。（盾と矛とを売る者は）盾を褒めていった、「私の盾の堅いことといったら、突き通すことができるものはない」と。また自分の矛を褒めていった、「私の矛の鋭いことといったら、どんなものでも突き通さないものはない」と。ある人がいった、「あなたの矛であなたの盾を突いたらどうなるだろうか」と。その人（盾と矛とを売る者）は答えることができなかった。

読解の手引き②

次の文章を読んで後の問に答えよ。

楚有祠者、賜其舎人（注1）卮（注2）酒。舎人相謂曰、「数人飲(1)之不足、一人飲之有余。請画地為蛇、(2)先成者飲酒。」一人蛇先成、引酒(3)且飲之。乃左手持卮、右手画蛇、曰、「吾能（注3）為(4)之足。」未成、一人之蛇成、奪其卮曰、「蛇固無足。子（注4）安（注5）能為之足。」(5)遂飲其酒。為蛇足者、終亡其酒。

（『戦国策』による）

（注）
1 舎人—近侍の者。
2 卮酒—大杯にそそがれた酒。
3 能……—……できる。
4 子—あなた。
5 安能……—どうして……できるだろうか。いや…できるはずがない。

問一　傍線部(1)「之」・(4)「之」は、それぞれ何を指すか。本文中の言葉で答えよ。

(1)

(4)

〈ヒント〉「之」は指示代名詞で、何かを指している。

問二　傍線部(2)「先成者飲ㇾ酒」を、必要な言葉を補い、現代語訳せよ。

〈ヒント〉何が「成」ったのか。

問三　傍線部(3)「且ㇾ飲ㇾ之」を書き下し文にせよ。

〈ヒント〉再読文字「且」に注意する。

問四　傍線部(5)「遂飲二其酒一」を、必要な言葉を補い、現代語訳せよ。

〈ヒント〉誰が何の「酒」を飲んだのか。

問五　『戦国策』は戦国時代に活躍した遊説家たちの言動をまとめた書物である。戦国時代には、彼らをはじめ、さまざまな思想家たちが活躍した。このような思想家たちを何というか。

（解答は次頁）

解答（30点）

問一　(1)＝卮酒　(4)＝蛇　（4点・各2）
問二　最初に蛇を描きあげた人が酒を飲むことにしよう　（8点）
問三　且に之を飲まんとす　（6点）
問四　後から蛇の絵を描いた人は、そのまま奪った酒を飲んでしまった　（8点）
問五　諸子百家　（4点）

解説

前回は漢文を読むときに注意しなければならないことを学んだ。あらためて復習すると、正確な返り点・送りがなの習得を前提として、

①言葉の学習
②句法の習得
③指示語の具体化
④省略語の補充

といったところに注意して、文章を読むことが重要であった。今回は実際の問題を解くことで、これらの注意点がどのように重要なのか、なぜ重要なのかを学んでいく。また最後に漢文を学ぶ上で役に立つものとして、⑤文学史についても少しだけ触れておきたい。

問一　指示語の具体化が問われている。漢文では多くの指示語がつかわれる。指示語があれば、何を指しているのか、具体化しておこう（指示語→170頁）。

> 指示語の具体化
> ①指示語を含む文を解読する。
> ②指示語の種類を確認する。
> ③指示語の前から指示内容を探す。

傍線部(1)は「之を飲む」（これを飲む）の一部であるから、「之」は「飲む」ものである。そして傍線部の前にある「飲むもの」といえば、「卮酒」しかない。

傍線部(4)は「之が足を為す」（この足を描く）の一部である。足を描けるものは、直前に「蛇」がある。また本文全体を通して、「蛇を描く」ことをテーマとしているので、「之」は「蛇」を指していると考えてよかろう。

問二　省略語を補う問題。漢文は簡潔な表現を好むクセがあ

る。そのため既に書かれていることや、自明なことは、どしどし省略する。しかし漢文の初学者は、省略された言葉をしっかり意識しておかないと、文意をとらえ損ねることになる。特に漢文では主語や目的語がしばしば省略される。必ず補いながら読んでほしい。

　では問題を解いていこう。傍線部は「先づ成る者酒を飲まん」だから、直訳は「まず成った人が酒を飲もう」。では「成」とは何だろう。傍線部の後を読むと、「蛇先づ成り」という表現があり、ここから「蛇の絵を成す」＝「蛇の絵を描きあげる」という意味だとわかる。これをさきほどの直訳に当てはめれば解答になる。

問三　再読文字「且」の知識が問われている。「且」は「まさニ―（セント）す」と読む。傍線部は「―」に「飲ㇾ之」が入っており、「之を飲まんと」と読まれている。したがって傍線部の書き下し文は「且に之を飲まんとす」。今回は通常の書き下し文が問われたが、ひらがなの書き下し文（読み方）が問われることもあるので、傍線部も「まさにこれをのまんとす」と読めるようにしておこう。

読解の知識～置き字・再読文字・句法～

　漢文の問題には、置き字、再読文字、句法といった読解の規則を学んではじめて解答できるものがある。これらは覚えなければならないものである。覚えることは大変である。しかし文章の内容という捉えにくいものとは異なり、規則はいちど覚えてしまえば、どのような場所にでも活用できる。読解の規則をしっかり学び、漢文の学力を伸ばしてほしい。

問四　省略語の補充と指示語の具体化の複合問題。傍線部の省略語（主語）を補い、さらに指示語「其」を具体化する問題。傍線部は「遂に其の酒を飲む」（そのままそのお酒を飲んだ）。では誰が飲んだのだろうか。物語の展開を確認しよう。

①ある人が蛇の絵を描き、酒を飲もうとした。
②その人は蛇に足を描こうとした。
③別の人が蛇の絵を完成させ、さきに蛇の絵を完成させた人から酒を奪った。
④傍線部へとつながる。

　この流れから考えると、傍線部の主語は、「後から蛇の絵を完成させた人」だとわかる。その人が飲んだ「其の酒」

は、さきに蛇を完成させた人から奪った酒（の入った大杯）である。解答例は「奪った酒」としているが、より詳しく「さきに蛇の絵を描いた人から奪った酒のそそがれた大杯」としてもよい。

問五　文学史の問題。入試で頻出するわけではないが、戦国時代の様相や諸子百家（学派とその主張）、王朝時代の中国の文化、科挙、唐代の詩人・詩の特徴など、知っていた方が漢文・漢詩をより詳しく理解できるものが多い。機会をみつけて学習してほしい。

書き下し文

楚に祠る者有り、其の舎人に卮酒を賜ふ。舎人相ひ謂ひて曰はく、「数人之を飲まば足らざるも、一人之を飲まば余り有り。請ふ地に画きて蛇を為し、先づ成る者酒を飲まん」と。一人蛇先づ成り、酒を引き且に之を飲まんとす。乃ち左手に卮を持ち、右手蛇を画き、曰はく、「吾能く之が足を為す」と。未だ成らざるに、一人の蛇成り、其の卮を奪ひて曰はく、「蛇固より足無し。子安くんぞ能く之が足を為さん」と。遂に其の酒を飲む。蛇の足を為す者、終に其の酒を亡ふ。

現代語訳

楚の国に祭りをした人がおり、〔祭りをした人は〕その（＝自分の）近侍の者たちに大杯にそそがれた酒を与えた。近侍の者たちは話し合っていった、「数人でこれ（＝大杯にそそがれた酒）を飲めば足らないが、一人で飲めば十分だ。地面に蛇を描き、最初に〔蛇を〕描きあげた人が酒を飲むことにしよう」と。一人の蛇（の絵）がまずできあがり、酒杯を引き寄せて飲もうとした。そこで左手で大杯を持ち、右手で蛇を描いていった、「わたしはこの（＝蛇の）足を描くこともできるぞ」と。まだ〔さきに蛇の絵を描いた人が蛇の『足』を〕描きあげる前に、別の一人の蛇ができあがり、その（＝さきに蛇の絵を描いた人が持っていた）大杯を奪っていった、「蛇にはもともと足はない。君はどうしてその（＝蛇の）足を描くことができるのだ、描くことができるはずがない」と。〔後から蛇の絵を描いた人は〕その酒（＝さきに蛇の絵を描いた人から奪った酒）を飲んでしまった。蛇の足を描いた人は、結局、その（＝大杯にそそがれた）酒を飲み損ねてしまった。

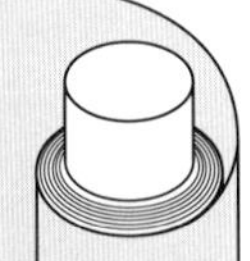

基礎編

基礎編では句法と漢詩を学習する。句法は、句形ともよばれるように、句の形（かたち）を意味している。つまり、ある漢字とある漢字が一定の形に並べば、特定の意味を表現する、というものである。句法を学習するときは、どの漢字がどのように並ぶのかという点に注目してほしい。また本編では漢詩の基礎も学習する。漢詩も句法と同じく、なんとなく読むのではなく、何よりもまず厳しい規則を身につけるようにしてほしい。

否定形①　否定と禁止

漢文では「―しない・ではない」、「―するな」といった否定や禁止をあらわすために特定の漢字をつかう。否定表現はさまざまな句形でつかわれる。まずは否定・禁止の基本となる漢字をしっかりと覚えてほしい。

(1) 知者ハ不ずレ惑(ハ)。

書　知者(ちしゃ)は惑(まど)は(ず)。

訳　知者は惑わない。

返読する／未然形／ひらがな

1　不二―一

書　―(セ)ず

訳　―(し)ない・―(では)ない

用法「不」「弗」「未」は代表的な否定の漢字。「不二―一」「弗二―一」(―ず)は「―ではない・―しない」ことを意味し、「未二―一」(いまダ―ず)は「まだ―していない」(物事がまだ起こっていないこと)を意味する(30頁)。

形「不二―一」の形になり、必ず返読する。「―」は未然形で結ばれる。書き下し文では日本語の助動詞にあたるのでひらがなで記す。

活用

基本形	未然形	連用形	終止形	連体形	已然形	命令形
ず	ず ざラ	ず ざリ	ず	ざル	ざレ	ざレ

※漢文では「ぬ」(連体形)・「ね」(已然形)は用いない。

発展「―不」のように、文末に置かれた場合は、「―ではないのか」の意味になる(106頁)。

2　非二―一

書　―(ニ)あらズ

訳　―(では)ない

用法「非」も代表的な否定の漢字。体言や連体形を否定(―ではない)する。

形「非二―一」の形になり、「―」は体言や連体形で結ばれる。必ず返読され、「―ニあらズ」という決まった読み方をする。

活用「不」(ず)の補助活用と同じ(上段および28頁)。

発展「ひ」(間違い。是非の非)や「そしル」(非難する)の意味でもつかわれる。

(1) 去リレ国ヲ帰スルハレ敵ニ、非あらザル二忠臣ニ一也。

書　国(くに)を去(さ)り敵(てき)に帰(き)するは、忠臣(ちゅうしん)に非(あら)ざるなり。

訳　自国を逃れ敵に帰順する者は、忠臣ではない。

練習問題

問一　次の空欄を埋めよ（書はすべてひらがなで記せ）。

①　勇者不㆑懼。

書　勇者は懼れ〔　　　〕。
訳　勇気のある者はおそれない。

②　吾弗㆑許也。

書　吾許さ〔　　　〕なり。
訳　わたしは許さない。

③　是非㆓君子之言㆒也。

書　是れ君子の言に〔　　　〕なり。
訳　これは君子（立派な人）の発言ではない。

④　非㆓爾所㆒㆑知也。

書　爾の知る所に非ざるなり。
訳　お前の知ったことでは〔　　　〕。

問二　発展「非」の意味に注意して、次の空欄を埋めよ（書はすべてひらがなで記せ）。

①　是㆑是非㆑非謂㆓之智㆒。

書　是を是とし非を非とする之を智と謂ふ。
訳　正しいことを正しいとし、間違いを〔　　　〕こと、これを智という。

②　非㆑孝者無㆑親。

書　孝を〔　　　〕者は親を無みす。
訳　孝を非難するものは親をないがしろにするものである。

練習問題解答

問一　①＝ず　②＝ざる　③＝あらざる　④＝ない　〔解説〕①否定「不」（終止形）。②否定「弗」（＝不）。「也」に接続するので連体形「ざル」。③「非」＝「あらズ」。「也」に接続するので、連体形「あらザル」。④「非」は否定「―ではない」。

問二　①＝間違いとする　②＝そしる　〔解説〕①の「非」は「ひトス」と読み、「間違いとする」の意味。②の「非」は「そしル」と読み、「非難する」の意味。なお②の「無」は「なミス」と読み、意味は読みのとおり、「ないがしろにする」。

3　無二―一

書　―(スル)なシ
訳　―はない・―がない

用法「無・莫・毋・勿」は代表的な否定の漢字。いずれも同じ読み・意味である。「非」と同じく、体言や連体形を否定(―はない)する。

形「無二―一」の形になり、必ず返読される。「―」は体言や連体形(または連体形＋コト・モノ)で結ばれる。

活用

基本形	未然形	連用形	終止形	連体形	已然形	命令形
なシ	ク カラ	ク カリ	シ	キ カル	ケレ カレ	○

発展 名詞として「無」(有無の無。存在しないこと)の意味でもつかわれる。

(1) 富ミテ而無(なシ)レ驕(おご)ル。 ←連体形

書　富みて驕る無し。
訳　裕福になっても驕ることがない。

(2) 人知ルモ二其ノ一ヲ一、莫(なシ)レ知ルコト二其ノ他ヲ一。

書　人其の一を知るも、其の他を知ること莫し。
訳　人は一つを知るだけで、それ以外のことを知らない。

4　禁止の用法

用法 否定の「無・莫・毋・勿」は、「―するな・―してはいけない」という禁止をも意味する。否定と同じ漢字をつかうが、読み方は「―なカレ」(「なシ」の命令形)と決まっている。送りがながある場合は送りがな「カレ」で判断すればよいが、送りがながない場合は、文脈から判断しなければならない。

形「毋二―一」の形になり、必ず返読される。「―」は体言や連体形(または連体形＋コト)で結ばれる。

(1) 毋(なカレ)二軽ガルシク出ダス一レ兵ヲ。

書　軽がるしく兵を出だす毋かれ。
訳　軽率に兵を動かしてはいけない。

(2) 非ズンバレ礼ニ勿(なカレ)レ視ルコト。

書　礼に非ずんば視ること勿かれ。
訳　礼儀に適っていないものは視てはいけない。

練習問題

問三 次の空欄を埋めよ（書はすべてひらがなで記せ）。

① 見レ義不レ為、無レ勇也。

書 義を見て為さざるは、勇（　　）なり。

訳 正しいとわかっていて何もしないのは、勇気がないのである。

② 今天下莫レ為レ義。

書 今天下に義を為すもの（　　）。

訳 今、天下に正しいことをするものはいない。

③ 幼子常視レ毋レ誑。

書 幼子には常に視すに誑くこと（　　）。

訳 子どもにはどんなときでも嘘をついてはいけない。

④ 己所レ不レ欲勿レ施二於人一。

書 己の欲せざる所は人に施すこと（　　）。

訳 自分の望まないことは人にするな。

問四 発展 次の空欄を埋めよ（書はすべてひらがなで記せ）。

① 勿下以二悪小一而為上レ之。

書 悪の小なるを以て之を為す勿かれ。

訳 小さい悪事だからといってしては（　　）。

② 毋レ失二其要一、乃為二聖人一。

書 其の要を失ふ（　　）、乃ち聖人たり。

訳 その要点を間違えないなら、それは聖人である。

練習問題解答

問三 ①＝なき ②＝なし ③＝なかれ ④＝なかれ 〔解説〕①の「無」、②の「莫」は否定「なシ」。①は「也」に接続するので連体形「なキ」にする。③の「毋」、④の「勿」は禁止「なカレ」。「無・莫・毋・勿」は否定・禁止のどちらにもつかわれる。

問四 ①＝いけない ②＝なければ 〔解説〕①の「勿」は禁止「なカレ」。「―してはいけない」の意味。②の「毋」は「なシ」。「―なケレバ…」で「もし―なければ…」という仮定を意味する。「なケレバ」は「なクンバ」と読むこともある。

演習問題①

次の文章を読んで後の問に答えよ（設問の都合で返り点・送りがなを省いたところがある）。

郢(えい)(注1)人ニ　(1)有遺燕相国(注2)書者。夜書シ、火不レ明ラカナラ。因リテ謂ヒテ二持ツレ燭(しよく)(注3)ヲ者ニ一

a曰ハク、「挙ゲヨトレ燭ヲ。」而シテ(ア)過チテ書スレ挙ゲヨトレ燭ヲ。(2)挙ゲヨトハレ燭ヲ、非ザル二書ノ意ニ一也。燕ノ相

受ケテレ書ヲ而説(よろこ)ビテレ之ヲ b曰ハク、「挙ゲヨトレ燭ヲ者ハ、尚(たふと)(注4)ブレ明ヲ也。尚ブトレ明ヲ也者ハ、(3)挙ゲテレ

賢ヲ而任ズルナリトレ之ニ。」燕ノ相(イ)白スレ王ニ。王大イニ説ビ、国c以テ治マル。治マルハチ則治マレリ矣。

非ザル二書ノ意ニ一也。今ノ世ノ学ブ者多ク似タリ二此ノ類ニ一。

（『韓非子』による）

（注）

1 郢—春秋戦国時代の国・楚の別名。

2 燕相国—「燕」は春秋戦国時代の国名。「相国」は宰相。

3 燭—ろうそく。ここでは灯火の意。

4 尚—大切にする。

／30

基礎編　句法

問一　傍線部a「曰」・b「之」・c「以」の読みを、送りがなを含めて、すべてひらがなで記せ（現代かなづかいでよい）。

a	b	c

問二　傍線部(ア)「過」・(イ)「白」と同じ意味の漢字を含む熟語を、次の中からそれぞれ一つずつ選び、番号で答えよ。

(ア)　1　過去　　2　過失　　3　過熱　　4　通過

(イ)　1　告白　　2　明白　　3　白衣　　4　白日

(ア)	(イ)

問三　傍線部(1)「有遺燕相国書者」は「燕の相国に書を遺（おく）る者有り」と読む。この読み方に従って次の白文に返り点をつけよ（送りがなは不要である）。

有　遺　燕　相　国　書　者

問四　傍線部(2)「挙レ燭、非二書意一也」を、(i)すべてひらがなで書き下し文にし（現代かなづかいでよい）、(ii)現代語訳せよ。

(i)	(ii)

問五　傍線部(3)「挙レ賢而任レ之」をわかりやすく現代語訳せよ。

問六　この話がもととなった故事成語として最も適当なものを次の中から一つ選び、番号で答えよ。

1　南船北馬
2　呉越同舟
3　郢書燕説
4　四面楚歌

疑問・反語形①

疑問は「―だろうか」と問いかけ、反語は「―だろうか、いや―ではない」と「―」を強く否定する表現。まずは文末に置かれる「乎」などの漢字と、「何」「安」などの疑問・反語をあらわす代表的な漢字を覚えよう。

1
―乎・―邪
―哉・―也
―耶

書　疑―か・―や　反―ンや
訳　疑―か　反―だろうか、いや―ない

用法　文末に「乎・邪・哉・也・耶・与・夫」などの漢字を置き、疑問や反語をあらわす。疑問は「―か」「―や」、反語は「―ンや」と読むことが多い。

形　疑問は、体言・連体形＋「か・や」が基本だが、「―」が「あり」「ず」で結ばれる場合は終止形＋「や」が多い。反語は未然形＋「ンや」。書き下し文では、日本語の助詞にあたるのでひらがなで記す。

(1)　爾（なんぢハ）欲（スル）レ識（しラント）二爾（ノ）父（ヲ）一乎（か）。
書　爾は爾の父を識らんと欲するか。
訳　おまえはおまえの父親のことを知りたいか。（疑問）

(2)　食少（ナク）事煩（ハシ）。其（レ）能（ク）久（シカラン）乎（や）。
書　食少なく事煩はし。其れ能く久しからんや。
訳　食事は少なく仕事は多い。長生きできるだろうか、いや長生きできない。（反語）

2
何―・奚―
胡―・曷―

書　なんゾ　疑―（ヤ）　反―ン（ヤ）
訳　疑　どうして―だろうか　反　どうして―だろうか、いや―ない

用法　「何・奚・胡・曷」などの漢字をつかい、「どうして―か」と問う。

形　「―」には活用語が入り、疑問は連体形（＋ヤ）、反語は未然形＋「ン（ヤ）」の形で読む。

(1)　子何（なんゾ）去（ル）レ之（ここヲ）。
書　子何ぞ之を去る。
訳　あなたはどうしてここを去るのか。（疑問）

練習問題

問一　次の空欄を埋めよ（書はすべてひらがなで記せ）。

①　汝（なんぢ）不（ル）レ知（ラ）二夫（かノ）蟷螂（たうらうヲ）一乎。

書　汝夫の蟷螂を知らざる（　　）。

訳　おまえはあのカマキリを知らないのか。

②　吾何（ゾ）愛（をシマンヤ）二一牛（ヲ）一。

書　吾（　　）一牛を愛しま（　　）。

訳　わたしはどうして一頭の牛を惜しむことがあるだろうか、いや一頭の牛など惜しむはずがない。

③　女（なんぢ）忘（レタル）二会稽（くわいけい）之恥（ヲ）一邪。

書　女会稽の恥を忘れたるか。

訳　おまえは会稽で受けた屈辱を（　　）。

④　曷（ゾ）虐（しひたゲル）二朕（わガ）民（ヲ）一。

書　曷ぞ朕が民を虐げる。

訳　（　　）わが民を虐げるのか。

問二　次の空欄を埋めよ。

①　若（なんぢ）尚（ホ）有（リ）レ畏（おそルルコト）乎。

書　若尚ほ畏るること（　　）。

訳　おまえはまだ怖いものがあるのか。

②　奚（ゾ）惆悵（ちうちやうトシテ）而独（ひとリ）悲（シマン）。

書　奚ぞ惆悵として独り悲しまん。

訳　（　　）失望して一人悲しむ（　　）。

練習問題解答

問一　①＝か　②＝なんぞ・んや　③＝忘れたのか　④＝どうして

〔解説〕①「乎」・③「邪」は文末に置かれ、疑問・反語をあらわす。疑問は連体形＋「か」の形で、「―か」と訳す。②「何」・④「曷」はどちらも「なんゾ」と読み、「どうして―か」（疑問）、「どうして―だろうか、いや―ない」（反語）と訳す。

問二　①＝有りや　②＝どうして・だろうか、いや悲しまない

〔解説〕①疑問の「乎」。「有」（あり）に続けて読む場合は、しばしば終止形＋「や」と読む。②「奚」は「なんゾ」。「悲しまん」（未然形＋ん）と読んでいるので、反語で訳す。

3「何」と「乎」を併用するもの

用法 疑問・反語をあらわす文末の「乎」などと、「何」などの漢字はしばしば併用される。
発展 「乎」などは置き字として読まない場合もある。

(1)
吾何畏彼哉。
書　吾何ぞ彼を畏れんや。
訳　わたしはどうして彼をおそれるだろうか、いやおそれない。

4
安―・焉―
悪―・何―
書　いづクンゾ 疑 ―(ヤ)　反 ―ン(ヤ)
訳　疑 どうして―か
反 どうして―だろうか、いや―ない

5
安―・悪―
焉―・何―
書　いづクニカ 疑 ―(ヤ)　反 ―ン(ヤ)
訳　疑 どこに―か
反 どこに―だろうか、いやどこにも―ない

用法 「安・焉・悪・何・寧・烏」なども疑問・反語をあらわす漢字。4「どうして」と問う場合は「いづクンゾ」、5「どこ」と場所を問う場合は「いづクニカ」と読む。
発展 「安得二―一」のように可能を伴うこともある。

(1)
子非魚。安知魚之楽。
書　子は魚に非ず。安くんぞ魚の楽しみを知らんや。
訳　あなたは魚ではない。どうして魚の楽しみがわかるだろうか、いやわからない。(反語)

(2)
沛公安在。
書　沛公安くにか在る。
訳　沛公はどこにいるのか。(疑問)
※沛公＝人名

＊反語の文末と解釈
・反語の文末表現「ん」
疑問　か・や　など様々
反語　ん・んや
・反語の解釈
反語は、反語らしさを意識できるように、最初は「どうして―だろうか、いや―ない」と覚えるとよい。慣れてくれば、「いや―ない」を取り出し、強い否定として訳出できるようになろう。
どうして―だろうか、いや―ない
↓―のはずはない

練習問題

問三　次の空欄を埋めよ（書はすべてひらがなで記せ）。

① 燕雀安(クンゾ)知(ラン)二鴻(こう)鵠(こく)之志(ヲ)一哉。

書　燕雀〔　　〕鴻鵠の志を知ら〔　　〕。

訳　燕や雀にどうして大鳥の志がわかるだろうか、いやわからない。

② 我安(クニカ)適帰(セン)。

書　我〔　　〕適帰せん。

訳　わたしはどこにも身を落ち着けられる場所はない。

③ 悪(クンゾ)有(ラン)二不(ル)レ戦(ハ)者一乎。

書　悪くんぞ戦はざる者有らんや。

訳　〔　　〕戦わない者がいるだろうか、いや戦わない者など〔　　〕。

④ 其(ノ)子焉(クニカ)往(ゆく)。

書　其の子焉くにか往く。

訳　その子どもたちは〔　　〕行くのか。

問四　次の空欄を埋めよ（送りがなを省いたところがある）。

① 居(ハ)悪在(ル)。

書　居は〔　　〕在る。

訳　家はどこにあるのか。

② 王侯将相、寧有(ラン)レ種乎。

書　王侯将相、〔　　〕種有らんや。

訳　天子・諸侯・将軍・大臣になるのに、どうして血統が関係あるだろうか、いや血統など関係ない。

練習問題解答

問三　①＝いづくんぞ・んや　②＝いづくにか　③＝どうして・いない　④＝どこへ　〔解説〕①②の「安」は、送りがなと訳をヒントにすれば、①が「いづクンゾ」、②が「いづクニカ」とわかる。なお①は「安―哉」で「いづクンゾ―ンや」と読む。②の訳は「いや―ない」の部分だけになっている。③「いづクンゾ」は「どうして」。④「いづクニカ」は「どこ」と訳す。

問四　①＝悪くにか　②＝寧くんぞ　〔解説〕送りがなが省かれているので、訳から読み方を考える。①は「どこ」なので「いづクニカ」、②は「どうして」なので「いづクンゾ」。

演習問題②

次の文章を読んで後の問に答えよ。

孫叔敖（注1）為二嬰児（注2）一、出遊而還、憂而不レ食。其母問二其故一。泣而対曰、「今日吾見二両頭蛇一。恐去レ死無レ日矣。」母曰、「今蛇安在。」曰、「吾聞見二両頭蛇一者死。吾恐二他人又見一、已埋レ之矣。」母曰、「無レ憂。汝不レ死。吾聞レ之、有二陰徳一者、天報以レ福。」人聞レ之、皆喩二其為レ仁也。及二令尹（注3）一、未レ治而国人信レ之。

（『蒙求』による）

（注）
1 孫叔敖―人名。
2 嬰児―幼い子。
3 令尹―宰相。

／30

問一　傍線部a「故」・b「対」・c「又」の読みを、送りがなを含めて、すべてひらがなで記せ（現代かなづかいでよい）。

a	b	c

問二　傍線部(1)「蛇安在」を、(i)すべてひらがなで書き下し文にし（現代かなづかいでよい）、(ii)現代語訳せよ。

(i)	(ii)

問三　傍線部(2)「已埋レ之矣」とあるが、孫叔敖はなぜこのような行動を取ったのか、理由を説明せよ。

問四　傍線部(3)「陰徳」の意味を答えよ。

問五　傍線部(4)「未レ治而国人信レ之」とあるが、どういうことか、簡潔に説明せよ。

疑問・反語形②

ここでは「豈」「誰」といった特定の漢字をつかうものと、「何」の字に関係する表現を学ぶ。いずれも漢文に頻出する表現なので、確実に習得してもらいたい。

1 豈―

書 あニ―ン(ヤ)
訳 どうして―だろうか、いや―ない

用法 「豈」は反語をあらわす重要漢字。単独でつかわれるほか、否定や可能の漢字を伴うことも多い。否定の反語「豈不二―一」(あニ―ざランヤ)は強い肯定(―であるはずだ)、可能の反語「豈可二―一」(あニ―ベケンヤ)は不可能(―できない)を意味するので、正確な理解を心がけてほしい。

発展 「豈」は、疑問・推量・詠嘆などをあらわす場合があり、特に「豈不二―一」を「あニ―ずヤ」と読む場合はしばしば詠嘆をあらわす(136頁)。

(1) 我豈(あニ)異(ナラン)二於人(ニ)一哉(や)。
書 我(われ)豈(あ)に人(ひと)に異(こと)ならんや。
訳 わたしはどうして人と異なっているだろうか、いや異なるはずがない(＝同じである)。

(2) 人豈(あニ)不(ざランヤ)二自(ラ)知(ラ)一。
書 人(ひと)豈(あ)に自(みづか)ら知(し)らざらんや。
訳 人はどうして自分の身のほどを知らないだろうか、いや知っている(＝自分のことは自分がよく知っている)。

2 誰― 孰―

書 たれカ 疑―(ヤ) 反―ン(ヤ)
訳 疑―はだれか 反だれが―だろうか(いやだれも―ない)

用法 「誰・孰」は人物を問う漢字で、「だれ」ではなく「たれ」と読む。「だれが」と主語を問う場合は「たれカ」、「だれを」と目的語を問う場合は「たれヲカ」のように読む。なお、疑問・反語をあらわす漢字が動詞の目的語となる場合、「誰(ヲカ)―」のようにしばしば倒置される。

発展 ①「誰―者」は「たれカ―ものゾ」(だれが―するのか)と読む。②「孰」は「いづレカ」と読み、選択を問う場合もある(128頁)。

(1) 涙下(ルコト) 誰(たれカ) 最(モ)多(キ)。
書 涙(なみだ)下(くだ)ること誰(たれ)か最(もつと)も多(おほ)き。
訳 涙を流すことが最も多かったのはだれか。

練習問題

問一　次の空欄を埋めよ（書はすべてひらがなで記せ）。

① 豈ニ遠シトセン二千里ヲ一哉。

書　〔　　〕千里を遠しとせん〔　　〕。

訳　どうして千里の道のりを遠いと思うだろうか、いや遠いとは思わない。

② 予豈ニ好マンレ弁ヲ哉。

書　予豈に弁を好まんや。

訳　わたしは〔　　〕弁論を好む〔　　〕。

③ 孰カ謂イフヤ二微生高ヲ直ナリト一。

書　〔　　〕微生高を直なりと謂ふや。

訳　だれが微生高を正直者だと言ったのか。

④ 吾誰ヲカ欺カン。

書　吾誰をか欺かん。

訳　わたしは〔　　〕あざむくだろうか、いやだれもあざむかない。

問二　発展　次の空欄を埋めよ（書はすべてひらがなで記せ）。

① 豈ニ可ケンレ負そむク乎。

書　豈に負く〔　　〕。

訳　どうして背くことができるだろうか、いや背くことはできない。

② 豈ニ不ランレ知ラ二自ラ安逸スル之為タルヲ一レ楽シミ哉。

書　豈に自ら安逸するの楽しみたるを知らざらんや。

訳　どうして自分ひとり安楽に暮らすことが楽しいことであると〔　　〕、いや〔　　〕。

練習問題解答

問一　①＝あに・や　②＝どうして・だろうか、いや好まない　③＝たれか　④＝だれを　〔解説〕①②は反語の「豈―哉」。③「孰」・④「誰」は「たれ」と読む。③「孰」は主語「たれカ」。④は「誰をか」と読まれている通り、「欺」の目的語であり、「だれを」と訳す。

問二　①＝べけんや　②＝知らないだろうか・知っている　〔解説〕①は可能を伴う反語「豈可二―一乎」、②は否定を伴う反語「豈不二―一哉」。

3 何為―

書 なんすレゾ 疑 ―(ヤ) 反 ―ン(ヤ)

訳 疑 どうして―だろうか　反 どうして―だろうか、いや―ない

4 何以―

書 なにヲもつテ(カ) 疑 ―(ヤ) 反 ―ン(ヤ)

訳 ① 疑 どうやって―か　② 疑 どうして―だろうか　反 どうして―だろうか、いや―ない

5 何由―

書 なにニよりテ(カ) 疑 ―(ヤ) 反 ―ン(ヤ)

訳 疑 どうして―だろうか　反 どうして―だろうか、いや―ない

用法 「何」と他の漢字を組み合わせた表現。「何」の他にも「奚・胡」など「なんゾ」と読む漢字(50頁)がつかわれる。疑問・反語のどちらの意味でもつかわれ、疑問の場合は「や」、反語の場合は「んや」で結ぶことが多い。

3「何為」は、原因・理由を問う定型的な表現。

4「何以」・5「何由」は、①手段・方法や②原因・理由を問う。5「何由」の「由」には、他に「従・自・因」など「よリテ」と読む漢字が入る。

発展 3「何為」は、下に「者」を置き「何為者」の形になると、「なんすルものゾ」(どういう者か)という決まった読み方をする。

(1) 君何(なん)為(すレゾ)哭(こくスル)。　※哭＝泣く

書 君(きみ)何(なん)為(す)れぞ哭(こく)する。

訳 あなたはどうして泣いているのか。(疑問)

(2) 卿(ノ)面何(なにヲ)以(もつテ)汗(スル)。

書 卿(けい)の面(おもて)何(なに)を以(もつ)て汗(あせ)する。

訳 あなたの顔にはどうして汗が浮かんでいるのか。(疑問)

(3) 何(なにニ)由(よりテ)知(ル)二吾(ノ)可(ナルヲ)一也(や)。

書 何(なに)に由(よ)りて吾(われ)の可(か)なるを知るや。

訳 どうしてわたしができるとわかるのか。(疑問)

6 ―何也

書 ―(ハ)なんゾや

訳 ―はどうしてか・どういうわけか

用法 文末に置かれ、理由をたずねるときにつかわれる。しばしば「―は何ぞや」の形になる。

(1) 今子死(シテ)而不(ルハ)レ憂(ヘ)、何(なんゾ)也(や)。

書 今(いま)子(こ)死(し)して憂(うれ)へざるは、何(なん)ぞや。

訳 今子どもが死んで悲しまないのは、どうしてか。

練習問題

問三　次の空欄を埋めよ（書はすべてひらがなで記せ）。

①　卿何為恒飲酒。（卿何為レゾ恒ニ飲レム酒ヲ。）
書　卿〔　　　　〕恒に酒を飲む。
訳　あなたはどうしていつも酒を飲んでいるのか。

②　何以遂得天下。（何ヲ以テカ遂ニ得タル二天下ヲ一。）
書　〔　　　　　〕遂に天下を得たる。
訳　どのようにしてとうとう天下を手に入れたのか。

③　禽獣之心、奚為異人。（禽獣之心、奚為レゾ異ナラン二人ニ一。）
書　禽獣の心、奚為れぞ人に異ならん。
訳　動物の心は〔　　　　〕人と異なることがあろうか、いや同じである。

④　君子之不教子、何也。（君子之不ルハレ教ヘレ子ヲ、何ゾ也。）
書　君子の子を教へざるは、〔　　　　〕。
訳　君子が自分の子どもを教育しないのは、どうしてか。

問四　次の空欄を埋めよ。

①　何以卑我。（何ヲ以テ卑レいやシムル我ヲ。）
書　何を以て我を卑しむ。
訳　〔　　　　〕わたしを軽視するのか。

②　与長者期後何也。（与二長者一期シテ後おくルルハ何ゾ也。）
書　長者と期して後るるは何ぞや。
訳　年長者と約束しながら遅れてくるのは〔　　　　〕。

練習問題解答

問三　①＝なんすれぞ　②＝なにをもつてか　③＝どうして　④＝なんぞや　〔解説〕①③は「なんすレゾ」の表現。③の「奚」は「何」と同じく「なんゾ」と読む漢字。②は、「どのような方法で天下を手に入れたのか」の意。④「何也」は「なんゾや」と読み、「どうしてか」の意味。

問四　①＝どうして　②＝どうしてか　〔解説〕①の「何以」は、問三②と異なり、「なぜ軽視するのか」と軽視する「理由」を聞いている。②「何也」は文末に置かれ、「どうしてか・どういうわけか」と理由を問う表現である。

演習問題③

次の文章を読んで後の問に答えよ。

a昔者斉桓公(注1)出遊於野、見亡国故城(注2)郭氏之墟(注3)。問於野人曰、「是為何墟。」野人曰、「是為郭氏之墟。」桓公曰、(1)「郭氏者曷為墟。」野人曰、「郭氏者善善而悪悪。」桓公曰、「善善而悪悪、人之善行也。(2)其所以為墟者、何也。」野人曰、(3)「善善而不能(注4)行、悪悪而不能去、b是以為墟也。」桓公帰以語管仲(注5)。管仲曰、「其人為c誰。」桓公曰、「不知也。」管仲曰、(4)「君亦一郭氏也。」於是桓公招野人而賞焉。

（『新序』による）

（注）
1 斉桓公―春秋時代の斉国の君主・桓公。
2 城―町。
3 墟―廃墟。
4 不レ能―できない。
5 管仲―桓公の臣下。

／30

問一　傍線部a「昔者」・b「是以」・c「誰」の読みを、送りがなを含めて、すべてひらがなで記せ（現代かなづかいでよい）。

a	c

b

問二　二重傍線部「遊」の意味を記せ。

問三　傍線部(1)「郭氏者曷為レ墟」を現代語訳せよ。

問四　傍線部(2)「其所二以為レ墟者、何也」をすべてひらがなで書き下し文にせよ（現代かなづかいでよい）。

問五　傍線部(3)「桓公帰以語二管仲一」を、適当な言葉を補って、現代語訳せよ。

問六　応用　傍線部(4)「君亦一郭氏也」とあるが、その理由を簡潔に説明せよ。

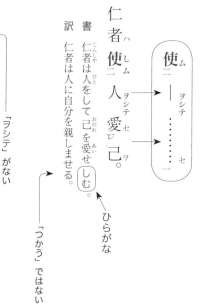

使役形

使役とは、誰かに何かをさせることを意味する表現。漢文に頻出する表現なので、使役につかわれる漢字、その形と読み方をしっかり覚えていこう。

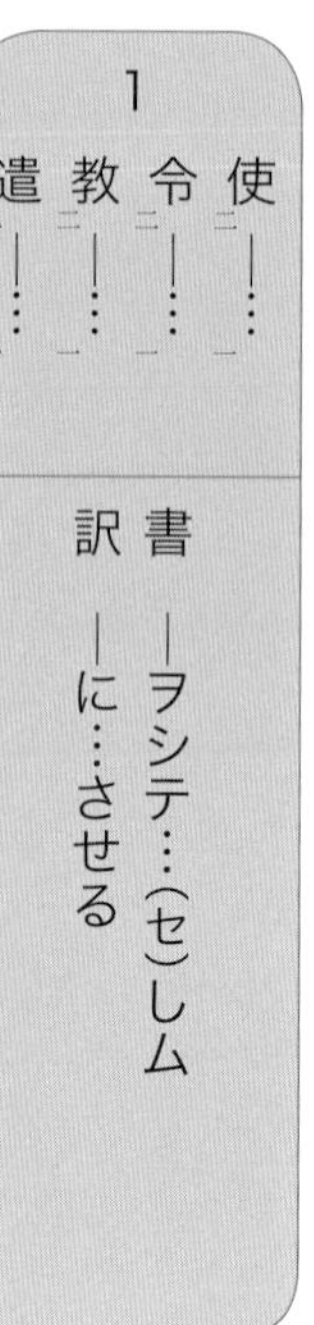
1
使二—…一
令二—…一
教二—…一
遣二—…一
書 —ヲシテ…(セ)しム
訳 —に…させる

用法 「使・令・教・遣・俾」は使役をあらわす漢字。「—」に使役される対象が、「…」にその動作が入り、「—が…することをさせる」が直訳となる。訳語としては「—に…させる」とすると通りがよい。なお「使」や「令」は、「つかう」や「命令する」などの動詞としての意味ではなく、「—させる」という使役(日本語の助動詞)を意味するので、現代語訳をするときは注意してほしい。

形 ①基本形は「使二—…一」で、「—」は体言や連体形、「…」は未然形で結ばれる。②「—」が明白な場合は、「使二…一」(…(セ)しム・…させる)と「—をして」が省略される。書き下し文では、助動詞にあたるので、ひらがなで記す。

活用

基本形	未然形	連用形	終止形	連体形	已然形	命令形
しム	しメ	しメ	しム	しムル	しムレ	しメヨ

発展 ①複数の動詞に使役がかかる場合は、最後の動詞のみを使役で読む。②仮定の意味を帯びることもある(93頁)。

(1) 仁者ハ使ム二人ヲシテ愛一レセ己ヲ。

使ム二—ヲシテ……セ一

書 仁者(じんしゃ)は人(ひと)をして己(おのれ)を愛(あい)せしむ。

訳 仁者は人に自分を親しませる。

ひらがな　「つかう」ではない

(2) 令ムレ遺ラ二絹二匹ヲ一。

書 絹二匹(きぬにひき)を遺(おく)らしむ。

訳 絹二匹を贈らせた。

「ヲシテ」がない

※匹＝絹を数える単位

練習問題

問一　次の空欄を埋めよ。

①　知者使ハム二人ヲシテ知ラ一レ己ヲ。

書　知者は人をして己を知らしむ。

訳　知者は人に自分の価値を知ら〔　　　〕。

②　五味令ハム二人ノ口ヲシテ爽さうナラ一。

書　五味は人の口〔　　　〕爽なら〔　　　〕。

訳　五つの味覚は人の口を爽快にさせる。

③　教ムル二良民ヲシテ為サ一レ姦かんヲ。

書　良民をして姦を為さしむ。

訳　善良な人々に悪事を〔　　　〕。

④　匈奴用キテ二趙信ノ計ヲ一、遣ムル使つかヒセ二於漢ニ一。

書　匈奴趙信の計を用ゐて、漢に使ひせ〔　　　〕。

訳　匈奴は趙信の計略をもちいて、漢に使いを送らせた。

問二　次の空欄を埋めよ（送りがなを省いたところがある）。

①　使二民ヲシテ不レ為サレ盗ヲ。

書　民をして盗を為さ〔　　　〕。

訳　民に盗みをしないようにさせた。

②　不レ令二人ヲシテ知一レ之ヲ也。

書　人をして之を知ら〔　　　〕なり。

訳　人にこれを知らせないようにしているのだ。

> 練習問題解答
>
> 問一　①＝しめる　②＝をして・しむ　③＝犯させる　④＝しむ
> 〔解説〕①は「使」の形と書き下し文「しむ」に着目。②は使役の特徴である「をして」を送る。③④使役「教」「遣」に注目。④は「―ヲシテ」が省略された形。
>
> 問二　①＝ざらしむ　②＝しめざる　〔解説〕①②とも否定をともなう使役。①使役は未然形＋「しム」なので、「不」（ず）を未然形「ざラ」にして「しム」につなげる。②使役から否定へつなげる場合は、①とは逆に、「不」（ず）に「令」（しム）の未然形「しメ」をつなげることになるので、「しメず」となる。ただしここでは文末の「也」につなげるので、「ず」を連体形「ざル」に改める必要がある。

2　使役の意味を含む動詞

発展　誰かが誰かに何かを要求するといった意味でつかわれる動詞は、使役になりやすい。そのような動詞を使役暗示動詞とよぶ。代表的な使役暗示動詞には、「命」（めいズ・命令する）・「勧」（すすム・すすめる）・「召」（めス・まねく）・「教」（をしフ・おしえる）・「遣」（つかハス・派遣する）がある。使役の対象となる動詞に「シム」が送られる。

(1)　上命(めい)ジテ二諸軍ニ一囲マシムレ之ヲ。（動詞を使役化する）

書　上(しやう)諸軍(しよぐん)に命(めい)じて之(これ)を囲(かこ)ましむ。

訳　皇帝は諸軍に命令してこれを包囲させた。

(2)①　遣(つか)ハシテ二沛公ヲ一入ラシムレ関ニ。

書　沛公(はいこう)を遣(つか)はして関(せき)に入(い)らしむ。

②　遣(し)ムニ沛公ヲシテ一入ラレ関ニ。

書　沛公(はいこう)をして関(せき)に入(い)らしむ。

訳　沛公を派遣して函谷関に入らせた。

＊「遣」「教」は、それ自体も使役「しム」と読む漢字であるが、「派遣する」「教える」という動詞としての意味が強い場合は、「遣はす」「教ふ」というように動詞として読むことがあり、その場合は使役暗示動詞となる。ただし(2)②のように使役として読んでも間違いではない。

3　文脈により使役で解釈するもの

発展　文脈の都合で使役として読む場合がある。一般には送りがなに使役の助動詞「シム」が振られているので、それをヒントに解釈すればよい。ただし送りがなが省かれている場合は、文脈によって判断しなければならない。

(1)　以テ二昭君ヲ一行カシム。

書　昭君(せうくん)を以(もつ)て行(ゆ)かしむ。

訳　昭君をむかわせた。

練習問題

問三　次の空欄を埋めよ（送りがなを省いたところがある）。

① 命ジテ㆓韓(かん)琦(き)ニ㆒治㆓陝(せん)西(せい)ノ城池ヲ㆒。

書　韓琦に〔　　　　〕陝西の城池を治〔　　　　〕。

訳　韓琦に命令して陝西地方の城池を修理させた。

② 勧メテ㆑民ニ耕種シ、以テ致㆓殷(いん)富(ぷ)ヲ㆒。

書　民に勧めて耕種し、以て殷富を致さしむ。

訳　民に勧めて田を耕し種を植え〔　　　　〕、そして莫大な富をもたら〔　　　　〕。

③ 教ヘテ㆓子孫ニ㆒依ラシム㆓吾ガ此ノ法ニ㆒。

書　子孫に教へて吾が此の法に依らしむ。

訳　子孫に教えて私のこのやり方に従わ〔　　　　〕。

④ 漢王遣ハシテ㆓韓信ヲ㆒撃㆑豹ヲ。

書　漢王韓信を〔　　　　〕豹を撃〔　　　　〕。

訳　漢王は韓信を派遣して魏豹を攻めさせた。

問四　次の傍線部の間違いを正せ（送りがなを省いたところがある）。

① 命㆓左右㆒宰(さい)セシム㆑之ヲ。

書　<u>左右をして</u>之を宰せしむ。→〔　　　　〕。

訳　近くの者にこれを調理させた。

② 遣ハシテ㆑将ヲ守ラシム㆑関ヲ。

書　将を遣はして関を守らしむ。

訳　<u>将軍を派遣させて</u>関所を守らせた。→〔　　　　〕。

練習問題解答

問三　①＝命じて・めしむ　②＝させ・させた　③＝せた　④＝遣はして・たしむ　〔解説〕①～④とも使役暗示動詞に注意。②「勧」は「耕種」と「致」の両者にかかり、「耕種せしめ、以て殷富を致さしむ」の意だが、使役が複数にかかるときは、最後の動詞にのみ「シム」を送る。62頁「発展」①を参照。③④の「教」「遣」は、ここでは使役暗示動詞。③「法」は「方法・手段」の意。

問四　①＝左右に命じて　②＝将軍を派遣して　〔解説〕①「命」は使役暗示動詞なので、「―をして…しむ」とは読まない。②使役暗示動詞そのものは使役化しない。

演習問題④

次の文章は、遊説家として弁舌に巧みであった恵子（けいし）についての逸話である。これを読んで後の問に答えよ。

客【a 謂】ヒテ二梁王（注1）ニ一曰ハク、恵子之言フレ事ヲ也善ク譬（たとフ）（注2）。【(1) 王使メバレ無カラレ譬フル、則チ】不（注3）レ能ハレ言フ矣。王曰ハク、諾（だく）ト。明日見テ、謂ヒテ二恵子ニ一曰ハク、願ハクハ先生言フトキレ事ヲ、則チ直言スル耳（のみ）ニシテ、無カレトレ譬フル也。【(2) 恵子曰ハク、今有リテレ人二於此ニ一】而不ルレ知ラレ弾（注4）ヲ者アリ。曰ハク、弾之状何若（いかん）（注5）ト。応（こたヘテ）曰ハク、弾之状ハ如（ごとシト）（注6）レ弾ノ。諭（さとルかト）乎。王曰ハク、【(3) 未ダレ諭ラ也】。於イテレ是ニ【b 更】ニ応ヘテ曰ハバ二弾之状ハ如クシテレ弓ノ而以テレ竹ヲ為スレ弦ト、則チ知ルト乎。王曰ハク、可（べシト）（注7）レ知ル矣。恵子曰ハク、夫レ説ク者【c 固】ヨリ以テ二其ノ所ヲレ知ル、諭シ二其ノ所ヲレ不ルレ知ラ、而【(4) 使ム二人ヲシテ知ラ一レ之ヲ】。今王曰ハク無カレトレ譬フル。則チ不ルナリト可ナラ矣。王曰ハク、善シト。

（『説苑（ぜいえん）』による）

（注）
1　梁王―梁は国名。魏のこと。
2　譬―たとえる。比喩をつかう。
3　不レ能―できない。
4　弾―玉状の物体を投げ飛ばす兵器。
5　何若―どのようなものですか。
6　如二…一―…のようである。
7　可二…一―…できる。

／30

問一　傍線部a「謂」・b「更」・c「固」の読みを、送りがなを含めて、すべてひらがなで記せ（現代かなづかいでよい）。

a	b	c

問二　「王使レ無レ譬」を現代語訳せよ。

問三　傍線部(2)「恵子曰」とあるが、この発言はどこまでかかるか。最後の漢字三文字を抜き出せ。

問四　傍線部(3)「未レ諭也」とあるが、それはなぜか。理由を簡潔に説明せよ。

問五　傍線部(4)「使二人知一レ之」をすべてひらがなで書き下し文にせよ（現代かなづかいでよい）。

問六　応用　恵子は「譬」をどのようなものと考えているか、簡潔に説明せよ。

受身形

受身とは、何かをされることを意味する表現。まずは特定の漢字や句形を用いるものをしっかり覚えよう。

1 見二―一・被二―一・為二―一・所二―一

書 ―る・―(セ)らル
訳 ―される

用法 「見」「被」「為」「所」の漢字をつかって受身をあらわす。これらは「―される」という受身としての意味をあらわし、「みる・こうむる」といった動詞としての意味はない。

形 「見二―一」の形になり、必ず返読される。「―」には未然形が入る。書き下し文では、助動詞にあたるので、ひらがなで記す。

活用

基本形	未然形	連用形	終止形	連体形	已然形	命令形
る	れ	れ	る	るル	るレ	れヨ
らル	らレ	らレ	らル	らルル	らルレ	らレヨ

＊四段・ラ変・ナ変動詞には「る」、それ以外は「らル」。

(1) 信ニシテ而見(れ)レ疑ハ、忠ニシテ而被(る)レ謗そしラ。
（見＝「みる」ではない）

書 信にして疑はれ、忠にして謗らる。
訳 信義があっても疑われ、忠誠があっても批判される。

(2) 愛スルレ人ヲ者ハ必ズ見らルルレ愛セ也。

書 人を愛する者は必ず愛せらるるなり。
訳 他人を慈しむ人は必ず他人からも慈しまれる。

2 為三―所二…一

書 ―ノ…(スル)ところトなル
訳 ―に…される

用法 「為―所…」という形によって受身をあらわす。「―」に受身の対象(「…」されるもの)、「…」に受身となる動詞が入る。書き下し文に受身の「る・らる」があらわれないのが特徴である。

形 「為三―所二…一」の形になる。「―」は体言や連体形、「…」は連体形で結ばれる。

発展 「所」が省略されて「為二―…一」の形になることもあるが、この形が常に受身になるわけではない。

(1) 先ンズレバ即チ制シレ人ヲ、後ルレバ則チ為ルニ人ノ所ところトレ制スル。

書 先んずれば即ち人を制し、後るれば則ち人の制する所と為る。
訳 先に動けば人を支配できるが、後れれば人に支配される。

練習問題

問一　次の空欄を埋めよ。

① 有(ル)二高(キ)レ人(ヨリ)之行(ヒ)一者(ハ)、固(もとヨリ)見レ非(そしラ)二於世(ニ)一。

書　人より高きの行ひ有る者は、固より世に非ら〔　　〕。

訳　人より高潔なものは、もちろん世間から非難される。

② 万乗之(の)国(ナルニ)、被(ル)レ囲(かこマ)二於趙(ちやう)(ニ)一。

書　万乗の国なるに、趙に囲まる。

訳　大国でありながら、趙に包囲〔　　〕。

③ 匹夫(ハ)見(ルレバ)レ辱(はづかしメ)、抜(キテ)レ剣(ヲ)而起(たチ)、挺(ていシテ)レ身(ヲ)而闘(たたかフ)。

書　匹夫は辱め〔　　〕、剣を抜きて起ち、身を挺して闘ふ。

訳　つまらぬ人間は馬鹿にされると、剣を抜いて立ち上がり、身を投げ出して戦う。

④ 楚(ハ)遂(ニ)削弱(トナリ)、為(ル)二秦(ノ)所(ト)レ軽(かろンズル)一。

書　楚は遂に削弱となり、秦の軽んずる所と為る。

訳　楚はこうして弱体化し、秦に軽視〔　　〕。

問二　次の傍線部の誤りを正せ。

① 弥(び)子(し)瑕(か)見(ル)レ愛(セ)二於衛君(ニ)一。

書　弥子瑕衛君に愛せ見る。

→〔　　〕。

訳　弥子瑕は衛の君主に寵愛されていた。

② 人主為(ル)二人臣之所(ト)レ制(スル)一。

書　人主人臣の制する所と為る。

訳　君主は臣下を支配するものである。

→〔　　〕。

練習問題解答

問一　①＝る　②＝された　③＝るれば　④＝された　〔解説〕①②は四段動詞、③は下二段動詞接続。④は「為—所…」の句形。文意をふまえて「されることとなった」としてもよい。

問二　①＝愛せらる　②＝臣下に支配される　〔解説〕①「見二—一」（「—」＝用言）の「見」は受身を意味する。「見」に動詞としての意味はない。また書き下し文では日本語の助動詞にあたるので、ひらがなで記す。②「為三—所二…一」の形から受身と判断する。「為」「所」といった漢字の語義に惑わされないこと。

3 置き字をもちいるもの

発展 置き字（於・于・乎）をつかって受身をあらわすことがあり、「―二 置き字 …一」（「―」＝用言）の形になる。ただしこの形であれば必ず受身になるわけではなく、単に目的語から動詞に返読する場合や比較など他の文法的な意味をあらわすこともある（20頁および124頁）。

(1) 労スレ力ヲ者ハ治メラル二於人ニ一。

書 力を労する者は人に治めらる。

訳 労力を提供する人は他人に支配されるものである。

(1) 家ハ世よ楚ノ将トナリ、封ゼラル二於項ニ一。

書 家は世楚の将となり、項に封ぜらる。

訳 家柄は代々楚の将軍であり、項の地に領地を与えられた。

(2) 懐王以テ二沛公ヲ一封ズ二武安侯ニ一。

書 懐王沛公を以て武安侯に封ず。

訳 懐王は沛公に武安侯を授けた。

4 受身の意味を含む動詞

発展 官職の授受や左遷を意味する動詞は、受身として読まれることがある。例えば、朝廷（皇帝・王）から臣下に官職を授ける場合は、「封ず」（領地を与える。転じて、官職を授ける）となるが、臣下が朝廷から領地や官職を授けられた場合は、「封ぜらる」（与えられる）となる。これらは受身暗示動詞や叙任動詞とよばれ、「叙・任・封・拝・補」（官職を与える）、「謫」（たくス・左遷する）などがその代表である。

朝廷
↑(1)領地を与えられる
↓(2)領地を与える
臣下

5 文脈により受身で解釈するもの

発展 文脈の都合で受身となる場合がある。一般には送りがなに受身の助動詞「ル・ラル」が振られているので、それをヒントに解釈すればよいが、送りがなが省かれている場合は、文脈によって受身か否かを判断する。

(1) 有ルモレ功亦タ誅セラレ、無キモレ功亦タ誅セラル。

書 功有るも亦た誅せられ、功無きも亦た誅せらる。

訳 功績があっても殺され、功績がなくても殺される。

練習問題

問三　次の空欄を埋めよ。

①　治メラルル二於人一ニ者ハ食レやしなヒ人ヲ、治レムル人ヲ者ハ食二ハル於人一ニ。

書　人に治めらるる者は人を食ひ、人を治むる者は人に食はる。

訳　人に治められる者は人を養い、人を治める者は人に（　　　　）。

②　季札封二ゼラル於延陵一ニ。

書　季札延陵に封ぜらる。

訳　季札は延陵に（　　　　）。

③　漢王拝二シテ彭はう越えつ一ヲ為二ス魏ノ相国一ト。

書　漢王彭越を拝して魏の相国と為す。

訳　漢王は彭越に魏の宰相の位を授け（　　　　）。

問四　発展　次の空欄を埋めよ。

①　恥レヂ不レルヲ信アラ、不レ恥レヂ不レルヲ見レレ信ぜ。

書　信あらざるを恥ぢ、（　　　　）を恥ぢず。

訳　自分に信用がないことを恥じ、他人に信用されないことを恥としない。

②　匃かい貸とくニシテ無レク節、不レ為二ラ州里ノ所一ト称スル。

書　匃貸にして節無く、州里の称する所と為らず。

訳　貪欲で節操がなく、故郷の人に称え（　　　　）。

練習問題解答

問三　①＝養われる　②＝領地を与えられた　③＝た　〔解説〕①置き字「於」をつかった受身。②「封」・③「拝」は、「官職を授ける」という意味。③は漢王が「拝して」なので、受身ではない。

問四　①＝信ぜられざる　②＝られなかった　〔解説〕①受身の否定形。①否定形「不」（ず）は未然形接続なので、「らル」を未然形「られ」にする。②も「為」（なル）を未然形「なラ」に改める。意味は①②とも「―されない・―されなかった」。

演習問題⑤

次の文章を読んで後の問に答えよ。

昔者鄭武公(注1)欲レ伐レ胡(注2)。故先以二其女一妻二胡君一以娯二其意一。a因問二於群臣一、「吾欲レ用レ兵、(1)誰可レ伐者。」大夫(注3)関其思(注4)対曰、「胡可レ伐。」武公怒而戮レ之、曰、「胡、兄弟之国也。子言レ伐レ之、b何也。」胡君聞レ之、以レ鄭為レ親レ己、(2)遂不レ備二鄭一。鄭人襲レ胡取レ之。宋(注5)有二富人一、天雨牆(注6)壊。其子曰、「不レ築、必将レ有レ盗。」其隣人之父亦云。暮而c果大亡二其財一。其家甚智二其子一、而疑二隣人之父一。此二人説者皆当矣。厚者為レ戮、(3)薄者見レ疑。則非二知之難一也、(4)処レ知則難也。

（『韓非子』による）

（注）
1 鄭武公―「鄭」は春秋時代の国名。「武公」は鄭国の君主。
2 胡―国名。
3 大夫―貴族の身分。国政に参与した。
4 関其思―人名。
5 宋―春秋時代の国名。
6 牆―家の壁。

／30

問一　傍線部a「因」・b「何也」・c「果」の読みを、送りがなを含めて、すべてひらがなで記せ（現代かなづかいでよい）。

a	b	c

問二　応用　傍線部(1)「誰可㆑伐者」を現代語訳せよ。

問三　傍線部(2)「遂不㆑備㆑鄭」とあるが、なぜか。その理由を説明せよ。

問四　傍線部(3)「薄者見㆑疑」を(i)書き下し文にし、(ii)現代語訳せよ。

(i)	(ii)

問五　本文は三つの段落に分けられる。二段落目と三段落目の最初の漢字三字を記せ。

第二	第三

問六　応用　傍線部(4)「処㆑知則難也」とはどういうことか、簡潔に説明せよ。

否定形② 部分否定

部分否定は、対象の全体ではなく、一部のみを否定する表現。まず部分否定の構造を理解し、なぜ部分否定になるのかという点から学ぶとよいだろう。

1 部分否定と全部否定

部分否定は、否定表現＋副詞（＋動詞）の形となり、副詞以下を否定する表現である。通常の否定（全部否定）と比べると、特徴がわかりやすい。

(1) 経費ハ常ニ不レ足ラ。

書 経費（けいひ）は常（つね）に足（た）らず。

訳 経費はいつも足りていない。

(2) 経費ハ不二常ニハ足一ラ。

※「常足」を否定する ＝部分否定

書 経費（けいひ）は常（つね）には足（た）らず。

訳 経費はいつも足りているわけではない。

→経費は足りないときがある。

通常の否定だと、(1)「常に足らない」となるが、(2)の部分否定だと、「常に足りている」ことが否定され、「常に足りているわけではない・足りないことがある」となる。

なお「否定」部分には、「不・非・無」などの否定の漢字のほか、「何」（なんゾ）などの反語もつかわれる。

2 部分否定の読み方と種類

部分否定は副詞に「ハ」をつけて読むことが多いが、例外もある。次に代表的な部分否定の読みを挙げておく。

形	読み	意味
不二常―一	つねニハ―ず	いつも―なわけではない
不二尽―一	ことごとクハ―ず	すべてが―なわけではない
不二倶―一	ともニハ―ず	すべてが―なわけではない
不二両―一	ふたツナガラハ―ず	両方とも―はできない
不二甚―一	はなはダシクハ―ず	ひどく―なわけではない
不二必―一	かならズシモ―ず	必ずしも―とは限らない
不二敢―一	あへテ―ず	→98頁
不二復―一	まタ―ず	
何必―	なんゾかならズシモ―	必ずしも―とは限らない

※否定の漢字（不・無・非など）をつかうものと、反語をつかうものがある。

練習問題

問一　次の空欄を埋めよ（送りがなを省いたところがある）。

①　戦ヘドモ不二必勝一タ。

書　戦へども〔　　　　〕勝たず。

訳　戦っても必ずしも勝つとは限らない。

②　家貧シク、読ムニレ書ヲ不二常得一レ油ヲ。

書　家貧しく、書を読むに〔　　　　〕油を得ず。

訳　家が貧しく、読書のときいつも油があるとは限らなかった。

③　与二経教ノ所一レ説ク、不二尽クハ符同一セ。

書　経教の説く所と、尽くは符同せず。

訳　聖人の御説と、〔　　　　〕一致するわけではない。

④　先主不二甚楽シマ一レ読ムヲレ書ヲ。

書　先主〔　　　　〕書を読むを楽しまず。

訳　先主（劉備）は読書をひどく好むことはなかった。

⑤　両雄不二倶立一タ。

書　両雄〔　　　　〕立たず。

訳　二人の英雄は並び立つことはできない。

⑥　呉越之勢ヒ不二両立一タ。

書　呉越の勢ひ〔　　　　〕立たず。

訳　呉と越の勢力は両者とも並び立つことはできない。

⑦　何ゾ必曰ハンレ利ヲ。

書　何ぞ〔　　　　〕利を曰はん。

訳　どうして必ずしも利益のことを申しましょう。

練習問題解答

問一　①＝必ずしも　②＝常には　③＝すべてが　④＝甚だしくは　⑤＝倶には　⑥＝両つながらは　⑥＝必ずしも　〔解説〕①～⑦とも部分否定の形。①は「不必」、②は「不常」、③は「不尽」、④は「不甚」、⑤は「不倶」、⑥は「不両」、⑦は「何必」（反語＋必）から部分否定だと気づく必要がある。なお③「不尽」は、「尽」を副詞（ことごとク）としてではなく、動詞（つク・つきる）として読むこともある。④は「たいそう読書が好きだったわけではない」の意。⑤⑥はどちらも「両立できない」の意。

否定形③　二重否定

二重否定は、否定の漢字が二重につかわれる表現。否定の漢字の組み合わせによってさまざまな形がある。漢文に頻出するので、よくつかわれる表現は覚えてしまおう。

否定＋否定

用法　「無レ不ニ―一」「非レ不ニ―一」「非レ無ニ―一」など、否定と否定が連続してつかわれる。意味は「―でないものはない」（いつも―だ・すべて―だ）。「少しはある」というような消極的な肯定ではなく、強い肯定を意味する。

形　「不・弗」「未」「非」「無・莫・毋・勿」が組み合わさる。

発展　否定と否定の間に言葉が挟まり、「無ニ―不ニ…一」（どんな―でも…である）、「無ニ往而不ニ―一」（何一つとして―でないものはない）などの形になることもある（下段参照）。

(1)　知者ハ無キレ不ざルハレ知ラ也。

※「不知」を否定する

書　知者は知らざるは無きなり。

訳　知者は知らないものはない（＝なんでも知っている）。

(2)　発シテ而中あタレバレ節ニ、則チ無シニ往ゆクトシテ而不ざルハ一レ善ナラ。

書　発して節に中たれば、則ち往くとして善ならざるは無し。

訳　感情が発露して道理に的中すれば、何一つとして善でないものはない（＝あらゆるものが善となる）。

＊よくつかわれる二重否定

形	読み方
無不―	―（セ）ざルハなシ
無非―	―（ニ）あらザルハなシ
非不―	―（セ）ずンバあらズ ―（セ）ざルニあらズ
非無―	―（スル）なキニあらズ
無…不―	…トシテ―（セ）ざルハなシ
無…非―	…トシテ―（ニ）あらザルハなシ

※右の読み方のまま覚えてしまうとよい。書き下し文を考えるとき活用が関係するのは、一番上の否定の漢字（「無不―」であれば「無」）のみである。

練習問題

問一　次の空欄を埋めよ（送りがなを省いたところがある）。

①　仁者無（ハ）レ不（レ）愛（セ）也。

書　仁者は愛せ（　　　　）なり。

訳　仁者は慈しまないものはない。

②　耳聞（キ）目見（ルモノ）、無（シ）レ非（ザルハ）二仁義（ニ）一。

書　耳に聞き目に見るもの、仁義に非ざるは無し。

訳　見聞きするものは、仁義のことでないものはない。

＝（　　　　）。

③　吾非（レ）不（レ）諫（メ）也。

書　吾諫め（　　　　）なり。

訳　私は諫めなかったわけではない。

④　亡国（ニモ）非（ザル）レ無（キニ）二智士（一）也。

書　亡国にも智士無きに非ざるなり。

訳　亡びる国にも知者が（　　　　　　　　）。

問二　発展　次の空欄を埋めよ。

①　四方之士、無（シ）二日（トシテ）而不（ルハ）一レ来（タラ）。

書　四方の士、日として来たらざるは無し。

訳　各地の名士は（　　　　　　　　）。

（＝毎日のようにやって来た。）

②　諂（てん）諛（ゆ）之臣無（キ）二往（ゆクトシテ）而不（ルハ）一レ得（レ）計（ヲ）也。

書　諂諛の臣往くとして計を得ざるは無きなり。

訳　君主に取り入る臣下は、（　　　　）思い通りにならないものはない。

> 練習問題解答
>
> 問一　①＝ざるは無き　②＝すべて仁義のことである　③＝ずんば非ざる　④＝いないわけではない（いるのである）〔解説〕①「無（レ）不（二）―（一）」は「―（セ）ざルハなシ」。「無」は「也」につながるので、「なキなり」。③「非（レ）不（二）―（一）」は「ざルニハあらズ」でもよい。②④は直訳・意訳の両面から考える。
>
> 問二　①＝一日でもやって来ない日はなかった　②＝何一つとして　〔解説〕①「―として…ざるは無し」の解釈。「―」の漢字と一文の内容によって、「―」「…」に入る適切な表現を考える。②「無（三）往而不（二）―（一）」（往くとして―ざるは無し）は常用表現。

演習問題⑥

次の文章を読んで後の問に答えよ（設問の都合で送りがなを省いたところがある）。

世ニ有リ二伯楽（はくらく）（注1）一、a然ル後ニ有リ二千里ノ馬（注2）一。(1)千里ノ馬ハ常ニ有レドモ、而モ伯楽ハ不二常ニハ有ラ一。故ニ雖モレ有リト二名馬一、祇（たダ）辱メラレ二於奴隷人（注3）之手ニ一、b駢（べん）死（注4）シ二於槽櫪（さうれき）（注5）之間ニ一、不ル下以テ二千里ヲ一称セラレ上也。馬之千里ナル者ハ、一食ニ或イハ尽クス二粟一石ヲ一。食（やしな）フレ馬ヲ者ハ、不ル下知リテ二其ノ能ク（注6）千里ナルヲ一而食ハ上也。是ノ馬也（や）、雖モレ有リト二千里之能一、食不レンバ飽カ、力不レ足ラ、才美不二外ニ見（あらは）レ一。且ツ欲スルモ下与二常馬一等シカラント上、不レ可カラレ得（注7）。(2)安クンゾ求メン二其ノ能ク千里ナルヲ一也。(3)策（むち）ウツニレ之ヲ不レ以テセ二其ノ道ヲ一、食フニレ之ヲ不レ能ハレ尽クス二其ノ材ヲ一。鳴ケドモレ之ニ而不レ能ハレ通ズル二其ノ意ニ一。執リテレ策ヲ而臨ミテレ之ニ曰ハク、天下ニ無シトレ馬。c嗚呼、其レ真ニ無キレ馬邪（か）、(4)其レ真ニ不ルレ知ラレ馬ヲ也（か）。

（『昌黎先生文集（しょうれいせんせいぶんしゅう）』による）

（注）
1　伯楽―馬の鑑定人。名馬を探す達人。
2　千里馬―千里を走る名馬。
3　奴隷人―使用人。
4　駢死―並んで死ぬ。
5　槽櫪―馬小屋。
6　能……―……できる。
7　不レ可二……一―……できない。

／30

問一　傍線部a「然後」・b「或」・c「嗚呼」の読みを、送りがなを含めて、すべてひらがなで記せ（現代かなづかいでよい）。

a	b	c

問二　傍線部(1)「千里馬常有、而伯楽不二常有一」を現代語訳せよ。

問三　傍線部(2)「安求二其能千里一也」をすべてひらがなで書き下し文にせよ（現代かなづかいでよい）。

問四　傍線部(3)「策レ之不レ以二其道一」をわかりやすく現代語訳せよ。

問五　応用　傍線部(4)「其真不レ知レ馬也」とはどういうことか。本文の内容に即して説明せよ。

問六　本文の著者・韓愈は唐宋八大家の一人である。次の中から唐宋八大家を一人選び、番号で答えよ。

1　韓非子　2　司馬遷　3　杜甫
4　欧陽脩　5　王守仁

疑問・反語形③

ここでは「何如（いかん）」や「幾何（いくばく）」といった特殊な読み方をする表現を学ぶ。

1	—何如	書　—(ハ)いかん 訳　—はどのようであるか
2	—如何	書　—(ハ)いかん(セン) 訳　—はどうすればよいか
3	如$_{二}$—$_{一}$何	書　—(ヲ)いかんセン 訳　—をどうすればよいか(どうしようもない)
4	如何—	書　いかんゾ 疑 —(ヤ)　反 —ン(ヤ) 訳　疑 どうして—だろうか 反 どうして—だろうか、いや—ない

用法　1「何如」・2「如何」は、ともに「いかん」と読み、「何如」は状態や程度を、「如何」は手段や方法を問う。単純な疑問のほか、反語や詠嘆もあらわす。「如何」は間に言葉を挟み、3「如$_{二}$—$_{一}$何」の形をとることもある。「如何」は、下に言葉をつづけて、4「いかんゾ」（どうして）や、「いかニセバ」（どうすれば）、「いかナル」（どのような）とも読む。

いずれも「如」は「若・奈」で置き換えることができる。

(1) 顔淵ノ為リハ人ト何如（いかん）。
書　顔淵（がんえん）の人と為（な）りは何如（いかん）。
訳　顔淵の人柄はどのようであるか。

(2) 朋友之際ハ如何（いかんセン）。
書　朋友（ほういう）の際（さい）は如何（いかん）せん。
訳　友人との交際はどのようにすればよいか。

(3) 如$_{レ}$無$_{レ}$キヲ甲（よろひ）何（セン）。
書　甲（よろひ）無（な）きを如何（いかん）せん。
訳　武器がないのをどうすればよいか。

間に言葉が挟まれる

(4) 奈何（いかんゾ）無$_{レ}$クシテ父而生マレンや乎。
書　奈何（いかん）ぞ父（ちち）無（な）くして生（う）まれんや。
訳　どうして父親がいないのに（子どもが）生まれるだろうか。

練習問題

問一　次の空欄を埋めよ（書はすべてひらがなで記せ）。

①　治ムルコトヲ㆑国何如。

書　国を治むること〔　　　　〕。

訳　国を治めるということはどのようであるか。

②　桓温来タリテ欲ス㆑作なサント㆑賊ヲ、如何セン。

書　桓温来たりて賊を作さんと欲す、如何せん。

訳　桓温が来て反逆しようとしている、〔　　　　〕。

③　匡きょう人其レ如㆑予われヲ何セン。

書　匡人其れ〔　　　　〕。

訳　匡の人ではわたしをどうすることもできない。

④　若何ゾ滴滴トシテ去リテ㆓此ノ国ヲ㆒而死センや乎。

書　〔　　　　〕滴滴として此の国を去りて死せんや。

訳　涙を流し、この国を去って死ぬことなどありえない。

問二　次の空欄を埋めよ。

①　為スコト㆑之ヲ奈何セン。

書　之を為すこと奈何せん。

訳　これをするには〔　　　　〕。

②　奈㆓地ノ壊くづルルヲ㆒何セン。

書　〔　　　　〕。

訳　地面が崩れるのをどうすればよいか。

練習問題解答

問一　①＝いかん　②＝どうすればよいか　③＝われをいかんせん　④＝いかんぞ　〔解説〕①「何如」の読みは「いかん」。②「如何」は「どうすればよいか」と手段・方法を問う。③「如何」の間に「予」を挟むので「予を如何せん」。④「若何」は「如何」と同じ。③④ともに反語となる。訳は反語の「いや〜だろうか」を開いたもの（52頁）。

問二　①＝どうすればよいか　②＝地の壊るるを奈何せん　〔解説〕どちらも「奈何いかんせん」。①は、「―奈何」の形。②は間に言葉を挟む「奈㆓―㆒何」の形。「―」には単語だけでなく、「地壊」（地面が崩れる）のような文も入る。

5　―幾何

書　―(ハ)いくばく(ゾ)
訳　―はどれくらいか(いやどれくらいもない)

用法「幾」は時間・分量・数量などが「どれくらいか」を問う漢字。一字でも「いくばく」と読めるが、「幾何・幾許」(二字で「いくばく」と読む)と二字でつかうことも多い。他にも「幾」の下に「人」「年」などがつながり、「幾人」(いくにん・何人)、「幾年」(いくとし・何年)、「幾日」(いくにち・何日)などの慣用的な表現を形作る。

発展「未レ幾」(いまダいくばくナラず)、「無二幾何一」(いくばくモなシ)は、「まだどれくらいも経っていない」＝「まもなく」の意味。

(1) **人生幾何。**
書　人生幾何ぞ。
訳　人の一生はどれくらいか(いやどれくらいもない)。

6　何―

書　なん(ノ)―・いづレノ―
訳　どのような―・どの―

用法「何」も下につながる漢字によって、さまざまな読みや意味をもつ。用例は無数にあるが、「何故」(なんノゆゑニ・どうして)、「何人」(なんぴと・どのような人)、「何日」(いづレノひ・いつ)、「何処」(いづレノところ・どこ)などの読み・意味がその代表である。

(1) **客従二何処一来。**
書　客は何れの処より来たる。
訳　客はどこから来たのか。

＊「何」の主な用法

漢字	読み	意味	頁
何―	なんゾ	どうして―か	50頁
	いづクンゾ		52頁
	いづクニカ	どこに―か　＊「―」は用言	52頁
何―	なんノ	どのような―	82頁
	いづレノ	＊「―」は体言	
何為	なんすレゾ	どうして―か	58頁
何以	なにヲもつテ	どうして・どうやって―か	
何由	なにニよりテ	どうして・どうやって―か	
何也	なんゾや	―はどうしてか	
何如	いかん	―はどのようであるか	80頁
如何	いかんセン	―はどうすればよいか	
幾何	いくばく	―はどれくらいか	82頁

練習問題

問三　次の空欄を埋めよ（書はすべてひらがなで記せ）。

① 薛(せつ)之地(ハ)小大幾何(ゾ)。

書　薛の地は小大幾何ぞ。

訳　薛（地名）の土地は大小あわせて〔　　　　〕。

② 相(ヒ)去(ルコト)復(また)幾許(ゾ)。

書　相ひ去ること復た〔　　　　〕。

訳　互いに隔たることはどれくらいだろうか。

③ 何処(レノところヨリカ)秋風至(ル)。

書　何れの処よりか秋風至る。

訳　〔　　　　〕秋風は吹いてくるのか。

④ 何故(ノニ)私(ひそかニ)入(ルヤ)二酒家(ニ)一。

書　何の故に私に酒家に入るや。

訳　〔　　　　〕こっそり酒屋に入ったのか。

問四　次の空欄を埋めよ。

① 古来征戦幾人回(カかへル)。

書　古来征戦幾人か回る。

訳　昔から戦争に出た人は〔　　　　〕帰ってきただろうか。

② 無(クシテ)二幾何(モ)一而疾止(やまひム)。

書　幾何も無くして疾止む。

訳　〔　　　　〕病気は治った。

練習問題解答

問三　①＝どれくらいか　②＝いくばくぞ　③＝どこから　④＝どうして　〔解説〕①「幾何」・②「幾許」は「いくばくゾ」と読み、ここでは数量や距離が「どれくらいか」を問うている。③「何処」は場所を、④「何故」は理由を問う表現。

問四　①＝何人が　②＝まもなく　〔解説〕①「幾人」は「いくにん」。どれくらいの数の人が帰ってきただろうか、という意味。②「無二幾何一」は、直訳すれば「どれくらいもない」。分かりやすく直せば「いくらも経たないうちに」「まもなく」となる。

演習問題⑦

次の文章を読んで後の問に答えよ。

鄭(注1)人遊二于郷校(注2)一、以論二執政(注3)一。然明(注4)謂二子産(注5)一曰、「毀二郷校一如何。」子産曰、「何為。夫人朝夕(注6)退而遊焉、以議二執政之善否一。其所レ善者、吾則行レ之、其所レ悪者、吾則改レ之。是吾師也。若レ之何毀レ之。我聞二忠善以損一レ怨、不レ聞二作レ威以防一レ怨。豈不二遽止一。然猶レ防レ川。大決所レ犯、傷レ人必多。吾不レ克(注7)レ救也。不レ如(注8)二小決使一レ道、不レ如二吾聞而薬一レ之也。」然明曰、「蔑也今而後知二吾子之信可一レ事也。小人実不才。若果行レ此、其鄭国実頼レ之。豈唯二三臣。」

（『春秋左氏伝』による）

(傍線部：a 如何　(1) 是吾師也　b 則　c 若之何　(2) 豈不遽止　(3) 猶防川　X 吾子之信　Y 小人実)

（注）
1 鄭―国名。
2 郷校―学校。
3 執政―政治。
4 然明―人名。後の「蔑」も同じ。
5 子産―人名。鄭の宰相。
6 朝夕―朝廷に出仕する。
7 不レ克レ……―……できない。
8 不レ如二……一―……する方がよい。

／30

問一　傍線部a「如何」・b「則」・c「若レ之何」の読みを、送りがなを含めて、すべてひらがなで記せ（現代かなづかいでよい）。

a	b	c

問二　傍線部(1)「是吾師也」とあるが、子産が「郷校」を「師（先生）」と呼ぶ理由を、簡潔に説明せよ。

問三　傍線部(2)「豈不二遽止一」とはどういうことか。その説明として最も適当なものを次の中から一つ選び、番号で答えよ。

1　すぐにも政治批判をやめさせることができる
2　すぐには政治批判をやめさせることができない
3　権威によってすぐに政治批判をとめるべきだ
4　権威によってすぐに政治批判はやむだろう

問四　応用　傍線部(3)「猶レ防レ川」とあるが、子産は政治に対する不満を、どのような方法で解決しようとしたのか、本文の内容を踏まえて説明せよ。

問五　傍線部X「吾子」・Y「小人」は、誰を指すか。それぞれ本文中から漢字二字で抜き出せ。

X	Y

可能・不可能

句法ではないが、常用表現として可能・不可能をあつかう。可能・不可能は、「できる・できない」を意味する表現で、「可」「能」「得」の漢字がよくつかわれる。まずは特徴的な読み方をしっかり覚えてほしい。

	形	書	訳
1	可二━一	━(ス)ベシ	━できる・━してもよい
2	能━	よク━(ス)	━できる
3	得二━一	━(スルヲ)う	━できる

用法 可能「━できる」の意味をあらわす漢字に「可」「能」「得」「足」がある。「可」は可能(━できる)・許可(━してもよい)の意味が多く、古文の「べし」とは用法が異なる。「得」は「手に入れる」、「足」は「十分である」の意味でつかわれるが、可能の意味をもつこともある。

形 いずれも「━」は活用語で結ばれる。

1「可二━一」の形になり、必ず返読する。「━」は、ラ変型の場合は連体形、それ以外は終止形になる。書き下し文では助動詞にあたるのでひらがなにする。

2「能━」の形になり、副詞的に読み、返読しない。不可能「不レ能」とは、読み方が異なるので注意してほしい(88頁)。

3「得二━一」の形になり、「━」には連体形が入る。

活用

	基本形	未然形	連用形	終止形	連体形	已然形	命令形
可	ベシ	ベカラ	ベク	ベシ	ベキ	ベケレ	○
得	う	え	え	う	うル	うレ	○

※「ベシ」の文法事項については28頁を参照。

発展 1「可」は、文末にある場合は、「かナリ」と読み、「━できる・(しても)よい」の意味となる。2「能」は単独で動詞として用いたり、体言から返読したりする場合は、「━(ヲ)よクス」(━できる)と読む。

(1) 馬ノ毛ハ可三以テ禦二風寒ヲ一。

書 馬(うま)の毛(け)は以(もつ)て風寒(ふうかん)を禦(ふせ)ぐべし。

訳 馬の毛は風や寒さを防ぐことができる。

(2) 能ク為ニレ国ノ守ルレ辺ヲ。

書 能(よ)く国(くに)の為(ため)に辺(へん)を守(まも)る。

訳 国のために国境を守ることはできます。

練習問題

問一　次の空欄を埋めよ（書はすべてひらがなで記せ）。

①　精兵可(シ)レ具(そなフ)二五十万(ヲ)一。

書　精兵五十万を具ふ〔　　　〕。

訳　精兵五十万を備えることができる。

②　志忍(ビテ)レ私(ヲ)然(ル)後(ニ)能(ク)公(タリ)。

書　志私を忍びて然る後に〔　　　〕公たり。

訳　志は利己的な心を抑えてようやく公平となる。

③　脱走(シ)得レ免(まぬかルルヲ)。

書　脱走し免るるを得。

訳　脱走して逃げることが〔　　　〕。

④　能(ク)進(ムル)レ賢(ヲ)者(モ)亦(また)賢也。

書　能く賢を進むる者も亦た賢なり。

訳　賢者を推薦することが〔　　　〕人もまた賢者である。

問二　発展　次の空欄を埋めよ（書はすべてひらがなで記せ）。

①　忠孝不(レバ)二両(ツナガラハ)全(カラ)一、先(ニシ)レ国(ヲ)後(ニスレバ)レ家(ヲ)可也。

書　忠孝両つながらは全からざれば、国を先にし家を後にすれば〔　　　〕。

訳　忠と孝が両立しなければ、国を家よりも優先すればよい。

②　惟(ただ)聖者(ノミ)能(クス)レ之(ヲ)。

書　惟だ聖者のみ之を〔　　　〕。

訳　ただ聖人だけがこれをすることができる。

練習問題解答

問一　①＝べし　②＝よく　③＝できた　④＝できる　〔解説〕①②④可能「可」「能」は読み方・意味をしっかり覚えること。③の「得」は可能の意。「逃げることを手に入れられた」でも意味は通じるが、ここでは「できる」の意味でとった方がよい。

問二　①＝かなり　②＝よくす　〔解説〕①「可」は返読していないので、「べシ」とは読まない。「か」と読む。②「能」は名詞「之」から返読し、動詞として扱われているので、「よクス」と読む。①②とも読み方に注意しておきたい。

基礎編　句法

	書	訳
4 不レ可ニ―一	―(ス)ベカラず	―できない・―してはいけない
5 不レ能ニ―一	―(スル)あたハず	―できない
6 不レ得ニ―一	―(ヲ)えず	―できない・―してはいけない

用法 可能の漢字(可・能・得・足)の上に「不・弗」などの否定の漢字が置かれると、不可能の意味になる。「不レ可ニ―一」「不レ能ニ―一」「不レ得ニ―一」の三つは頻出するので、読み・意味をしっかり覚えよう。また「不可」「不得」は不可能の意味だけでなく、禁止(―してはいけない)の意味もあらわすので注意してほしい。

形 いずれも返読する。

4「不レ可ニ―一」の形になり、「―」は活用語で結ばれ、ラ変型の場合は連体形、それ以外は終止形。書き下し文ではひらがなにする。

5「不レ能ニ―一」の形になり、「―」は連体形(連体形＋「コト」)で結ばれる。なお「無ニ能―一」のように、「能」に「不・弗・未」以外の否定の漢字がかぶさる場合は、「よク―」と読む。

6「不レ得ニ―一」の形になり、「―」には連体形が入る。

発展 4「不可」が文末にある場合は、「ふかナリ・かナラず」と読み、「―できない」の意味となる。5「不レ能」は「能」と同様、動詞として「よクセず・あたハず」と読むことがある。6「不レ得レ已」(已＝止)の形で、定型句として「やムヲえず」と読み、「仕方なく」の意味になる。

(1) 不仁ナルハ則チ不(ず)レ可(ベカラ)ニ与(ともニ)謀ル一。

書 不仁(ふじん)なるは則(すなは)ち与(とも)に謀(はか)るべからず。

訳 不仁のものとは一緒に事を謀ることはできない。

(2) 人之情、不(ず)レ能(あたハ)レ楽シムニ其ノ所ニ一レ不ルレ安カラ。

書 人(ひと)の情(じやう)、其(そ)の安(やす)からざる所(ところ)に楽(たの)しむ能(あた)はず。

訳 人の心として、不安なときに楽しむことはできない。

(3) 太子不(ず)レ得(え)レ立ツ矣。

書 太子(たいし)立(た)つを得(え)ず。

訳 太子は君主の位に即(つ)くことができない。

練習問題

問三　次の空欄を埋めよ（書はすべてひらがなで記せ）。

①　珠玉金銀ハ、飢ウルモ不レ可カラレ食クラフ。

書　珠玉金銀は、飢うるも食らふ（　　）。

訳　宝石や金銀は、飢えても食べることができない。

②　口能クレ言フモレ之ヲ、身不レ能ハレ行フ。

書　口能く之を言ふも、身行ふ（　　）。

訳　口で言うことはできても、行動することはできない。

③　天下莫シ二能ク与レ之争フ一。

書　天下（　　）之と争ふ（　　）。

訳　天下の人々でこれと争うことができるものはいない。

④　臣不レ得二越エテレ官ヲ而有ルヲ一レ功。

書　臣官を越えて功有るを（　　）。

訳　臣下は職権を越えて功績をたててはいけない。

問四　発展　次の空欄を埋めよ（書はすべてひらがなで記せ）。

①　学ハ不レ可カラ二以テ已ヤム一。

書　学は以て已むべからず。

訳　学問は途中で止めては（　　）。

②　襄公不レ得シテレ已ムヲ而許スレ之ヲ。

書　襄公（　　）之を許す。

訳　襄公は仕方なくこれを許した。

練習問題解答

問三　①＝べからず　②＝あたはず　③＝よく・なし　④＝えず

〔解説〕①②④「不レ可二―一」「不レ能二―一」「不レ得二―一」の読みは必ず覚える。③「能」は「不・弗・未」で否定される場合は「あたハず」、それ以外の漢字で否定される場合は「よク―」と読む。

問四　①＝いけない　②＝やむをえずして　〔解説〕①「不レ可二―一」は「―できない」だけではなく、「―してはいけない」の場合もある。

②「不レ得レ已」で「やムヲえず」と読む。意味は日本語とほぼ同じで、「やむをえず・仕方なく」。

演習問題⑧

次の文章を読んで後の問に答えよ。

寇萊公(注1)始(a)与丁晋公(注2)善。嘗以丁之才薦於李文靖公沆(注3)屢矣、而終未用。一日、萊公語文靖曰、「準屢言丁謂之才、而相公(注4)終不用。(1)豈其才不足用耶、抑鄙言(注5)不足聴耶。」文靖曰、「如斯人者、(2)才則才矣。顧(3)其為人、可使之在人上乎。」萊公曰、「如謂者、相公終能(b)抑之使在人下乎。」文靖笑曰、「他日後悔、(4)当思吾言也。」晩年与寇権寵相軋、交(c)至傾奪、竟有海康之禍(注6)、始伏［X］之識。

（『東軒筆録』による）

（注）
1 寇萊公―寇準。萊公は通称。北宋の人。
2 丁晋公―丁謂。晋公は通称。
3 李文靖公沆―李は姓、文靖公は敬称、沆は名。宰相。
4 相公―宰相に対する敬称。
5 鄙言―いやしい言葉。
6 海康之禍―寇準が丁謂との権力闘争に敗れ、海南島に流された事件を指す。

／30

問一　a「与」・b「能」・c「交」の読みを、送りがなを含めて、すべてひらがなで記せ（現代かなづかいでよい）。

a	b	c

問二　応用　傍線部(1)「豈其才不レ足レ用耶」を現代語訳せよ。

問三　傍線部(2)「才則才矣」とはどういうことか、簡潔に説明せよ。

問四　傍線部(3)「其為レ人可レ使三之在二人上一乎」をすべてひらがなで書き下し文にせよ（現代かなづかいでよい）。

問五　傍線部(4)「当レ思二吾言一也」を現代語訳せよ。

問六　空欄Xに入る言葉を次の中から一つ選び、番号で答えよ。

1　莱公　2　丁謂　3　文靖

仮定形

「もし―であれば／であっても…」という仮定を意味する表現。仮定形は読み方がわかれば意味もわかるものが多い。また仮定形には「バ・モ・トモ」などの送りがなが多用されるので、送りがなにも注目してほしい。

		書	訳
1	若―… 如―…	もシ―(バ)…	もし―ならば…
2	苟―…	いやシクモ―(バ)…	もし―ならば…

用法　いずれも仮定を意味する。1「もシ」は、「若・如・使・即・設・仮」など、多くの漢字がつかわれる。

形　「若」「苟」は仮定内容を含む文の述語の前に置かれ、しばしば「バ」(順接)や、「モ・トモ」(逆接)と呼応する(接続は28頁)。ただし古文とは異なり、「已然形＋バ」でも仮定の意味になるので注意してほしい。

(1) 如(もシ)君(くん)不(ンバ)レ行(カ)、寡人(くわじん)恨(ミン)レ君(ヲ)。

書　如(も)し君(きみ)行(ゆ)かずんば、寡人(くわじん)君(きみ)を恨(うら)みん。

訳　もし貴方が行かなければ、私は貴方を恨むでしょう。

(2) 苟(いやシクモ)利(アラバ)二於国(ニ)一、知(リテ)無(シ)レ不(ルハ)レ為(サ)。

書　苟(いや)しくも国(くに)に利(り)あらば、知(し)りて為(な)さざるは無(な)し。

訳　もし国に利があれば、知って行動に移さぬものはない。

		書	訳
3	縦―…	たとヒ―モ・トモ…	たとえ―であっても…
4	雖二―一…	―(ト)いへどモ…	①―であるが… ②たとえ―であっても…
5	微二―一…	―なカリセバ…	もし―がなければ…

用法　3「たとヒ」は「縦・縦令・仮・仮令・仮如・借令」など、多くの漢字がつかわれる(「縦令」「仮令」などは二字で「たとヒ」と読む)。

4「雖」は逆接を意味する漢字。単なる逆接「―であるが…」も意味するが、逆接の仮定条件「たとえ―であっても…」となることがある。かならず送りがな「―ト」から返読する(173頁)。

5「微」一字で、「もし―がなければ…」という仮定の否定を意味する。

形 3「縦──…」の形になり、返読しない。「モ・トモ」(逆接)と呼応する。4「雖二──一…」の形になり、必ず返読する。「──(ト)いへどモ…」という決まった読み方がある。5「微二──一…」の形になり、必ず返読する。

(1) 縦ヒ有ルモ二疾病一、猶ホ自ラ勉強ス。

書 縦ひ疾病有るも、猶ほ自ら勉強す。

訳 たとえ病気になっても、私は努力する。

(2) 雖モ二古ノ名将ト一、何ヲ以テ加ヘン レ茲ニ。

書 古の名将と雖も、何を以て茲に加へん。

訳 たとえ古代の名将でも、これ以上のものではない。

6 使役の漢字をつかうもの

発展 使役の漢字「使・令」などをつかって仮定をあらわすことがある。読み方は使役と同じく「──ヲシテ…(セ)しメバ」(62頁)、もしくは「もシ──バ…」のどちらでもよい。意味は、単純な仮定「もし──ならば…」の場合と、使役の意味を残した「もし──させたならば…」の場合とがある。

(1) ①使メバ二治メテ レ国ヲ無カラ一 レ食、民饑ヱテ棄テン二礼義ヲ一。

②使シ治メテ レ国ヲ無ケレバ レ食、民饑ヱテ棄テン二礼義ヲ一。

書 ①国を治めて食無からしめば、民饑ゑて礼義を棄てん。②使し国を治めて食無ければ、民饑ゑて礼義を棄てん。

訳 もし国を治めるのに食料が足らなければ、人々は飢えて礼儀など棄てて顧みないだろう。

7 送りがなから仮定とわかるもの

発展 左表のように、仮定形にはさまざまな漢字がつかわれる。白文を読むときは、この漢字を見抜く必要がある。しかし現在の受験ではこれらが白文で問われることは少ない。一般に「バ・モ・トモ」の送りがなが添えられているので、そこから仮定であることを読み取ればよい。

＊さまざまな仮定の漢字(一部)

漢字	読み	意味
今──・今者──	いま──(ナラバ)	いま仮に──ならば
向──・向者──	さきニ──(ナラバ)	もし以前に──ならば
誠──	まことニ──(ナラバ)	もし──ならば
果──	はタシテ──(ナラバ)	もし──ならば
不二──一不二…一	──ずンバ…ず	もし──でなければ…しない(100頁)

練習問題

問一　次の空欄を埋めよ（書はすべてひらがなで記せ）。

①　如シ実（まこと）ニ有ラバ二此ノ事一、乞フ顕（あきら）カニセ示レ之ヲ。

書　如し実に此の事有らば、乞ふ顕かに之を示せ。

訳　〔　　〕本当にこのようなことがあるなら、どうかはっきりと示していただきたい。

②　今若シ還サバレ兵ヲ、賊勢必ズ振（ふる）ハン。

書　今〔　　〕兵を還さば、賊勢必ず振はん。

訳　今もし撤兵すれば、賊の勢力は必ず盛り返すだろう。

③　苟シクモ有ラバレ過（あやま）チ、人必ズ知ルレ之ヲ。

書　〔　　〕過ち有らば、人必ず之を知る。

訳　もし間違いがあれば、人が必ず気づいてくれる。

④　縦ヒ其レ募集セルモ、未ダレ足ラレ可キニレ用フ。

書　〔　　〕其れ募集せるも、未だ用ふべきに足らず。

訳　たとえ人を集めても、使用に堪えるものではない。

問二　次の空欄を埋めよ（書はすべてひらがなで記せ）。

①　縦令ヒ深ク入ルモ、其レ能ク久シク居ランヤ。

書　縦令ひ深く入るも、其れ能く久しく居らんや。

訳　〔　　〕深く進入しても、どうして長らく居続けることができるだろうか。

②　微カリセバ二彼（か）ノ二子ノ者一何ヲ以テ治メン二吾ガ国ヲ一。

書　彼の二子の者〔　　〕何を以て吾が国を治めん。

訳　あの二人がいなければ、とても国は治められない。

③　寡人雖モレ死スト、亦タ無シレ悔ユル焉。

書　寡人死すと〔　　〕、亦た悔ゆる無し。

訳　わたしはたとえ死んでも、悔いはない。

④　果タシテ能クセバ二此ノ道ヲ一矣、雖モレ愚ト必ズ明ナリ。

書　果たして此の道を能くせば、愚と雖も必ず明なり。

訳　〔　　〕この方法を実践できれば、たとえ愚か者であっても必ず優れた人物になる。

問三 発展 次の空欄を埋めよ。

① 公孫鞅年雖レ少有二奇才一。

書 公孫鞅年少しと雖も奇才有り。

訳 公孫鞅は、年は（　　　）特異な才能がある。

② 其身不レ正、雖レ令不レ従。

書 其の身正しからずんば、令すと雖も従はれず。

訳 自身が正しくなければ、（　　　）従われることはない。

③ 使三六国各愛二其人一、則足二以拒一レ秦。

書 六国をして各其の人を愛せしめば、則ち以て秦を拒むに足る。

訳 （　　　）六国がそれぞれ自国の民を慈しんでいれば、秦の侵略を拒むことはできただろう。

練習問題解答

問一 ①＝もし ②＝もし ③＝いやしくも ④＝たとひ 〔解説〕①②仮定形「如」「若」。他の用法は170頁を参照。③「苟」、④「縦」も仮定形。読み方に注意する。

問二 ①＝たとえ ②＝なかりせば ③＝いへども ④＝もし 〔解説〕①は「縦令」で「たとヒ」と読む仮定表現。②「微」は一字で「もし―でなければ…」の意味をあらわす。読みは「なカリセバ」。③「雖」は仮定「いへどモ」と読む。④は「果」が仮定をあらわしている。なお文中の「雖」は逆接の仮定条件。

問三 ①＝若いが ②＝たとえ命令しても ③＝もし 〔解説〕①の「雖」は単なる逆接を示す。「―であるが…」。なお「少」は年少の少で、「年が若い」の意味。②の「雖」は逆接の仮定条件を示す。「たとえ―であっても…」。なお「令」は命令の令。「不レ従」は「従はれず」と受身になっている点に注意する。③の「使」は仮定。「使し六国各其の人を愛せば…」と読んでもよい。なお「六国」は戦国の七雄（秦・斉・楚・燕・韓・魏・趙）から秦を省いたもの。

演習問題⑨

次の文章を読んで後の問に答えよ。

袁州(注1)村中有老父。性謹厚、(1)為郷里所推、家亦甚富。一日、有紫衣少年、車僕甚盛。詣其家求食。老父即延入、設食甚豊、遍及従者。老父侍食於前、因思長吏朝使(注2)行県(注3)、当有頓地(注4)。此a何人哉。(2)意色甚疑。少年覚之、謂曰、「君疑我。我不能復b為君隠。仰山(注5)神也。」父悚然(注6)再拝曰、「仰山日献於祭祀、(3)奈何求食乎。」神曰、「凡人之祀我、皆従我求福。我有力不能致者。c若非其人不当受福者、我皆不敢享(注7)之。以君長者、故

(注)
1 袁州―地名。
2 長吏朝使―朝廷の使者。
3 県―行政単位。
4 頓地―官舎。
5 仰山―大仰山。江西省にある山。
6 悚然―恐れる様。
7 不二敢…一―決して…しない。

／30

(4)従レ君求レ食爾。」食訖、辞譲而去、遂不レ見。

（『稽神録』による）

問一　傍線部a「何人」・b「為」・c「若」の読みを、送りがなを含めて、すべてひらがなで記せ（現代かなづかいでよい）。

a	b	c

問二　傍線部(1)「為二郷里所一レ推」を現代語訳せよ。

問三　傍線部(2)「意色甚疑」とあるが、老父は「紫衣少年」のどのような点に疑問をもったのか、簡潔に説明せよ。

問四　傍線部(3)「奈何求レ食乎」を、(i)すべてひらがなで書き下し文にし（現代かなづかいでよい）、(ii)現代語訳せよ。

(i)	(ii)

問五　応用　傍線部(4)「従レ君求レ食爾」とあるが、仰山の神はどのような理由から、どのような形で福を授けていると考えられるか。簡潔に説明せよ。

否定形④　さまざまな否定表現

基礎編　句法

否定の漢字をつかった表現は数多い。ここでは頻出する表現と、逐語訳では誤解を招きやすい表現を集めた。否定の表現をひととおり身につけてから学んでほしい。

1　未㆓嘗―㆒

書　いまダかつテ―(セ)ず
訳　いままで―したことがない

用法　再読文字「未」と「嘗」「曾」など「かつテ」と読む副詞とをあわせてつかう表現。

発展　「未㆔嘗不㆓―㆒」は「いまダかつテ―(セ)ずンバアラず」と読み、「これまで―しないことはない」の意味になる。「未嘗―」の二重否定として考えるとわかりやすい。なお「不」から「不・未」へ返る場合は、「―ずンバアラず」と読む。

2　不㆓敢―㆒

書　あへテ―(セ)ず
訳　進んで―しない・決して―しない

3　敢不㆓―㆒

書　あへテ―(セ)ざラン(ヤ)
訳　どうして―しないのか

用法　否定の漢字(不・非・無など)と「敢」を組み合わせた表現。両者の位置に注目する。「不㆓敢―㆒」は強い否定で、「決して―しようとしない」の意。一方の「敢不㆓―㆒」は反語表現で、「どうして―しないことがあろうか、きっと―するはずだ」という強い肯定をあらわす。

発展　「不㆔敢不㆓―㆒」は「あへテ―ずンバアラず」と読み、「―しないではいられない」という意味になる。

4　不㆓肯―㆒

書　あへテ―(セ)ず
訳　進んで―しない・決して―しない

用法　「不㆓肯―㆒」も「不㆓敢―㆒」と同じく、「進んで―しない・決して―しない」の意。「肯」(がヘンズ)は「肯定する・納得する」の意。「―」がなく、単に「不㆑肯」(がヘンぜず)とあるときは、「納得しない・賛同しない」の意。

5　不㆓復―㆒

書　まタ―(セ)ず
訳　二度とは―しない・決して―しない

用法　否定の漢字(不・非・無など)と「復」を組み合わせた表現。否定＋副詞だが、「またハ―ず」とは読まない。「不㆓復―㆒」は「『ふたたび―する』ことはない」の意味で、簡単にいうと「二度とは―しない・決して―しない」こと。

発展　「復不㆓―㆒」は「まタ―(セ)ず」と読み、「二度とも―しない」の意味になるが、使用頻度は低い。

練習問題

問一　次の空欄を埋めよ（送りがなを省いたところがある）。

①　自（より）レ古及（ブ）レ今（マデニ）、未ニ嘗聞一也。

書　古より今に及ぶまで、〔　　　〕。

訳　古代から現在に至るまで、まだ聞いたことがない。

②　口不三敢言（ハ）二利害（ヲ）一。

書　口〔　　　〕利害を言はず。

訳　決して利害について口外しない。

③　臣数（しばしば）以（テ）聞（スルモ）、而君不（ル）二肯聴（カ）一也。

書　臣数以て聞するも、君〔　　　〕聴かざるなり。

訳　わたしは何度も申し上げたが、殿様は決して聴こうとなさらなかった。

④　吾不二復（タ）見（ル）レ子（ヲ）矣。

書　吾復た子を見ず。

訳　わたしは〔　　　〕あなたにお目にかかることはないでしょう。

問二　次の空欄を埋めよ。

①　未（ダ）三嘗（テ）不（ンバアラ）レ中（あタラ）二吾志（ガニ）一也。

書　未だ嘗て吾が志に中たらずんばあらざるなり。

訳　いままで私の考えと一致〔　　　〕。

②　父雖（モ）二無道（ト）一、子敢（ヘテ）不（ラン）レ事（ヘ）レ父（ニ）乎（や）。

書　父無道と雖も、子敢へて父に事へざらんや。

訳　父が非道であっても、子としてどうして父に仕えないでおれようか（〔　　　〕）。

練習問題解答

問一　①＝未だ嘗て聞かざるなり　②＝敢へて　③＝肯へて　④＝二度と　〔解説〕①は「未ニ嘗―一」の形。「いままで―したことがない」の意。②③「不ニ敢―一」「不ニ肯―一」は、どちらも「あへテ―ず」と読む。④「不ニ復―一」は「二度と―しない」。「子」は相手に敬意をこめて「あなた」と呼びかけた言葉。

問二　①＝しないものはなかった　②＝いや、きっと仕えるはずだ　〔解説〕①「未三嘗不二―一」は、「いまダかつテ―ずンバアラず」という特徴的な読み方をする。②「敢不二―一（乎）」で、反語を意味する。

6 不レ可二勝一一

書　あゲテ—(ス)べカラず

訳　—しきれない・—しつくせない

7 不レ可レ勝二—一

書　—(ニ)たフべからず

訳　—しきれない・—しつくせない

用法「不可勝—」は二通りの読み方がある。「勝」を副詞「あゲテ」(ことごとく)として読むと「不レ可二勝—一」＝「あゲテ—(ス)べカラず」となる。一方、動詞「たフ」(たえる)として読むと、「不レ可レ勝二—一」＝「—(ニ)たフべカラず」となる。結果的にどちらも「—しきれない」の意味となる。

8 不レ可レ不二—一

書　—(セ)ざルべカラず

訳　—しなければならない

用法 二重否定「—しないことなどとてもできない」の意味であるが、端的に「—しなければならない」で覚える。なお「不レ可三以不二—一二」(もつテ—(セ)ざルベカラず)の形となることもあるが、意味は同じ。

発展 類似の用法に、「不レ能レ不二—一」(—(セ)ざルあたハず)、「不レ得レ不二—一」(—(セ)ざルヲえず)がある。本来はそれぞれニュアンスの異なる表現だが、大きくは「—しなければならない・—しないわけにはいかない」の意味となる。

9 不二—一不二…一

書　—(セ)ずンバ…(セ)ず

訳　もし—しなければ…しない

用法 仮定形の一種で、否定の漢字(不・非・無など)を重ねたもの。否定の漢字は「不」と「不」、「不」と「無」などさまざまある。意味は「—しなければ、…しない」で、「—(セ)ずンバ」(「—(セ)ざレバ」も同じ)に仮定の意味があらわれている。ただし「不二—一、不二…一」の形であれば、常に仮定を意味するわけではなく、単に否定を並列した「—ず、…ず」(—しないし、…しない)という場合も少なくない。送りがな「—ンバ」を見落とさないようにしてほしい。

10 無二—一無二…一

書　—(ト)なク…(ト)なク

訳　—と…の区別なく

用法「貴賤」「大小」「長少」など、「—」と「…」に対照的なものが入る。二つ目の「無」が省略され、「無二—…一」(—…トなク。無二大小一＝大小と無く)となる場合もある。

練習問題

問三　次の空欄を埋めよ（送りがなを省いたところがある。また書はすべてひらがなで記せ）。

①　死スル者不レ可カラ二勝数フ一。

書　死する者（　　　）数ふべからず。

訳　死んだ者は数えきれなかった。

②　日後之患不レ可カラレ勝レ言フニ矣。

書　日後の患言ふに（　　　）べからず。

訳　後日の禍は、いいつくすことができない。

③　人主ノ左右不ルレ可カラレ不ルレ慎マ也。

書　人主の左右慎まざるべからざるなり。

訳　君主の側近は選ぶのに（　　　）。

④　禁ハ不レ可カラ二以テ不ルレ重カラ一。

書　禁は（　　　）。

訳　禁令を出すなら厳重でなければならない。

問四　次の空欄を埋めよ。

①　民ハ無クンバレ信不レ立タ。

書　民は信無くんば立たず。

訳　民には信頼が（　　　）政治が成り立たない。

②　無クレ貴トレ無クレ賤ト、無クレ長ト無クレ少ト、道之所レ存スル、師之所レ存スル也。

書　貴と無く賤と無く、長と無く少と無く、道の存する所、師の存する所なり。

訳　貴賤の区別なく、（　　　）、道のあるところが、師（教師）がいるところなのだ。

練習問題解答

問三　①＝あげて　②＝たふ　③＝慎重でなければならない　④＝もつておもからざるべからず　〔解説〕①②「不レ可二勝―一」「不レ可レ勝二―一」のどちらも読めるようにしておく。③④は「不レ可レ不二―一」「不レ可三以不二―一」の形。どちらも同じ意味。

問四　①＝なければ　②＝年長と年少との区別なく　〔解説〕①「無二―一不二…一」（―なクンバ…ず）で仮定を意味する。②は「無二―一無二…一」の形で、「―と…の区別なく」の意。「貴賤」は身分の上下。

演習問題⑩

次の文章を読んで後の問に答えよ（設問の都合で送りがなを省いたところがある）。

（注1）子夏（注2）三年之喪畢、見二於孔子一。子曰、「与二之琴一。」使二之絃一。（注3）侃侃而楽。作而曰、「先王制レ礼、不二敢不一レ及。」子曰、「君子也。」（注4）閔子三年之喪畢、見二於孔子一。子曰、「与二之琴一。」使二之絃一。（注5）切切而悲。作而曰、「先王制レ礼、弗二敢過一也。」子（注6）貢曰、「閔子哀未レ尽。夫子曰、君子也。子夏哀已尽、又曰、君子也。二者殊レ情、而倶曰二君子一。賜也惑。敢問レ之。」孔子曰、「閔子哀未レ忘、能断レ之以レ礼。子夏哀已尽、能引レ之及レ礼。雖二均之君子一、不二亦可一乎。」

（『孔子家語』による）

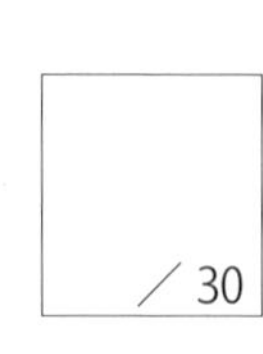

（注）
1　子夏―孔子の弟子。
2　三年之喪―先王が定めたもので、親の死後、三年間喪に服すること。人間にとって最も重要な礼の一つとされた。
3　侃侃―和やかな様。
4　閔子―孔子の弟子。
5　切切―かなしい様。
6　子貢―孔子の弟子。名は賜。

問一　傍線部a「見」・b「倶」・c「雖」の読みを、送りがなを含めて、すべてひらがなで記せ（現代かなづかいでよい）。

a	b	c

問二　傍線部(1)「不二敢不レ及」・(2)「弗二敢過一也」を現代語訳せよ。

(1)	(2)

問三　傍線部(3)「二者殊レ情」とはどういうことか、具体的に説明せよ。

問四　傍線部(4)「能断レ之以レ礼」を書き下し文にせよ。

問五　応用　二重傍線部「君子也」とあるが、なぜ孔子は子夏と閔子の二人を「君子」と評したのか、本文の内容をふまえて説明せよ。

疑問・反語形④

疑問・反語にもこれまでに学習したもの以外にさまざまな形がある。前講同様、漢文に頻出するものをとりあげる。

1 安得二―一

書　いづクンゾ―ヲえン（ヤ）
訳　どうして―できるだろうか、いや―できない

用法　疑問・反語「安」「何」などの漢字の下に、可能をあらわす漢字（「可・能・得」など）が置かれると、「―できるだろうか、いや―できない」という不可能を意味する。ただし希に「どうにかして―したい」という願望をあらわすこともあるので、注意してほしい。

(1) 斉安得レ救二天下一乎。

書　斉安くんぞ天下を救ふを得んや。
訳　斉国はどうして天下を救うことができるだろうか、いや天下を救うことはできない。

2 何不二―一

書　なんゾ―ざル
訳　どうして―しないのか、―すればよい

用法　「何」などの「なんゾ」と読む漢字の下に、否定「不」が置かれると、「―しないのか」と勧誘・詰問をあらわす表現になる。文末を「ざル」（連体形）で結ぶのが特徴。

形　「―」は未然形で結ばれる。

発展　再読文字「盍」（なんゾ―ざル）と同じ読み・意味。

(1) 何不二亟以レ兵来一。

書　何ぞ亟に兵を以ゐて来らざる。
訳　どうして急いで兵を率いてやって来ないのか、やって来ればよい。

3 独―（乎）

書　ひとリ―ン（や）
訳　どうして―だろうか、いや―ない

用法　「独」は限定をあらわす代表的な漢字だが（110頁）、しばしば文末に「乎・哉・也」などの漢字をともない、反語を意味することがある。

(1) 独不レ愧二於心一乎。

書　独り心に愧ぢざらんや。
訳　どうして心の中で恥じないだろうか、いや恥じる。

練習問題

問一 次の空欄を埋めよ（書はすべてひらがなで記せ）。

① 安得下以二私喜怒一専上レ之。

書 安くんぞ私の喜怒を以て之を専らにするを得んや。

訳 〔　　　　〕個人的な喜怒によってこれを勝手気ままに行うことが〔　　　　〕。

② 安得レ見レ君乎。

書 〔　　　　〕君に見ゆるを〔　　　　〕。

訳 どうにかしてあなたにお会いしたいものだ。

③ 子何不レ去。

書 子〔　　　　〕去ら〔　　　　〕。

訳 あなたはどうして去らないのか、去ればよい。

④ 何不二早言一。

書 何ぞ早く言はざる。

訳 〔　　　　〕早く〔　　　　〕、言えばよかったのに。

問二 発展 次の空欄を埋めよ。

① 爾焉能浼レ我哉。

書 爾焉くんぞ能く我を浼さんや。

訳 おまえは〔　　　　〕私をけがすことが〔　　　　〕。

② 吾独不二自知一邪。

書 吾〔　　　　〕自ら知ら〔　　　　〕。

訳 わたしはどうして自分のことを知らないだろうか、いや自分のことは知っている。

練習問題解答

問一 ①＝どうして・できるだろうか、いやできない ②＝いづくんぞ・えんや ③＝なんぞ・ざる ④＝どうして・言わないのか

〔解説〕①②は「安得二―一（乎）」。①「―できようか」のほか、②「―したいものだ」という意味もある。③④は「何不二―一」の形。

問二 ①＝どうして・できるだろうか、いやできない ②＝ひとり・ざらんや 〔解説〕①疑問・反語の「焉」の下に、可能の「能」が置かれた形。可能を伴う反語表現である。②は反語の「独―邪」。否定の「不」が置かれているので、「ひとり―ざランや」（どうして―しないだろうか、いや―する）と読む。

4 何―之有

書 なんノ―(カ)これあラン
訳 どうして―があるだろうか、いやない

用法「何―之有」は、特徴的な読みをする。これは「何有―」(なんゾ―あラン)が倒置したもので、意味は「どうして―があるだろうか、いや―ない」。なお「之」は語調を整えるもので、指示語ではなく、訳す必要はない。

(1) 何(なんノ)懼(おそレカ)之(これ)有(あラン)。

書 何の懼れか之れ有らん。
訳 どうして心配することがあるだろうか、いや心配することはない。

5 ―否・―不

書 ―(ヤ)いなヤ
訳 ―かどうか

用法 文末に否定「否・不・未」を置いて疑問をあらわす表現。「―、不―」(―だろうか、―ではなかろうか)の意。

形「―」は、ラ変動詞の場合は終止形、それ以外は連体形で結ばれる。

発展「―未」の場合は、「―(ヤ)いまダシヤ」(―か、まだか)となる。

(1) 視(ヨ)我(ガ)舌(ヲ)、尚(ホ)在(リヤ)不(いなヤ)。

書 我が舌を視よ、尚ほ在りや不や。
訳 わたしの舌を見よ、まだあるかどうか。

＊「疑問」「反語」「詠嘆」の判別

疑問・反語、後に学習する詠嘆は、形式的に判別することが難しく、最終的には文脈から判別せざるを得ない。それぞれの特徴と判別のヒントをあげておく。

①疑問
・文末は「か・や」などさまざま。
・「―なのか?」という疑問の後に、「それは…だからである」という解答が記されることが多い。

②反語
・文末は「ン・ンや」。
・「―だろうか、いや―のはずはないのだ」というように、それだけで内容が完備している。
・反語の漢字を否定の漢字(不など)に置き換えても意味が通じる。

③詠嘆
・文末は「か・や・ン・ンや」などさまざま。
・特定の形をとる(136頁)。

練習問題

問三　次の空欄を埋めよ（書はすべてひらがなで記せ）。

①　富ミテ而使メバ二人ヲシテ分カタ一レ之ヲ、何ノ事カ之レ有ラン。

書　富みて人をして之を分かたしめば、（　　　）事か（　　　）。

訳　裕福になって人に金を分けてやれば、どうして問題が起こるだろうか、いや起こらない。

②　何ノ常師カ之レ有ラン。

書　何の常師か之れ有らん。

訳　（　　　）決まった師がいるだろうか、いや決まった師がいるわけではない。

③　君飲ミテ常ニ不ルヤレ酔ハ否ヤ。

書　君飲みて常に酔はざるや（　　　）。

訳　君は酒を飲んでいつも酔っていたのではないか、そうではないか。

④　寒梅著ケシヤレ花ヲ未ダシヤ。

書　寒梅花を著けしや未だしや。

訳　寒梅は花をつけていただろうか、（　　　）。

問四　次の空欄を埋めよ。また、「奚不」と同じ読みの再読文字を記せ。

①　晋近シ、奚ゾ不ルレ之カレ晋ニ。

書　晋近し、奚ぞ晋に之かざる。

訳　晋は近い、（　　　）晋に（　　　）。

※同じ読みの再読文字（　　　）

練習問題解答

問三　①＝なんの・これあらん　②＝どうして　③＝いなや　④＝まだだっただろうか　〔解説〕①②は「何―之有」の形。③「―否」の形。④「―未」の形。「著レ花、未レ著レ花」の意。

問四　①＝どうして・行かないのか、行けばよい　再読文字＝盍（蓋）

〔解説〕①「奚」は「何」と同じく「なんゾ」と読む漢字。したがって「奚不」は「何不ニ―一」と同じ形となり、「なんゾ―ざル」と読む。「何不」と同じ読みをする再読文字は、「盍」または「蓋」。意味は「どうして―しないのか、―すればよい」。

演習問題⑪

次の文章を読んで後の問に答えよ。

孔子行遊。馬失食二農夫之稼(注1)一。野人(注2)怒、取レ馬而繫レ之。子貢(注3)往説レ之、(1)卑レ辞而不レ能レ得也。孔子曰、「夫以二(2)人之所レ不レ能レ聴説レ人、譬以二大牢(注4)一享(注5)二野獣一、以二九(注6)韶一楽二飛鳥一也。予之罪也。非二(3)彼人之過一也。」乃 a使二馬圉(注7)一往説レ之。至見二野人一曰、「子耕(注8)二於東海一、至二於西海一。吾馬之失、(4)安得レ不レ食二子之苗一。」野人大喜、解而与レ之。説 b若レ此其無レ方(注9)也。而 c反行。事有レ所レ至、而(5)巧不レ若レ拙。

（『淮南子』による）

（注）
1 稼—作物。
2 野人—ここでは農夫を指す。
3 子貢—孔子の弟子。能弁家。
4 大牢—盛大なごちそう。もとは神への供え物の意。
5 享—もてなす。
6 九韶—宮中で演奏する音楽。
7 馬圉—馬飼い。
8 耕二於東海一、至二於西海一—耕地が広範囲に及ぶこと。
9 方—方法。

／30

問一　傍線部a「使」・b「若ㇾ此」・c「反」の読みを、送りがなを含めて、すべてひらがなで記せ（現代かなづかいでよい）。

a	c

b

問二　傍線部(1)「卑ㇾ辞而不ㇾ能ㇾ得也」を、わかりやすく現代語訳せよ。

問三　傍線部(2)「人之所ㇾ不ㇾ能ㇾ聴」の解釈として最も適当なものを次の中から一つ選び、番号で答えよ。

1　人が聞き入れられないもの
2　人の耳には聞こえないもの
3　人に聞いてはいけないもの
4　人が聞かずにいられないもの

問四　傍線部(3)「彼人」とは誰を指すか、最も適当なものを次の中から一つ選び、番号で答えよ。

1　孔子　2　農夫　3　子貢　4　馬圉

問五　傍線部(4)「安得ㇾ不ㇾ食二子之苗一」を現代語訳せよ。

問六　傍線部(5)「巧不ㇾ若ㇾ拙」は、「上手な者より下手な者の方がよい」という意味である。本文でいえば、具体的にどのようなことを指すのか、説明せよ。

限定形

限定とは、程度や分量・範囲を「ただ―だけである」と限って強調したり、「―なのだ」と強意や断定の意味を添えたりする表現。「ただ―」と上から被さる表現と、「―だけだ」と下に添える表現があり、いずれも特定の漢字がつかわれる。まずはどの漢字が限定かを見抜く力を身につけよう。

1　―耳・―已　―而已・―爾

書　―のみ
訳　―だけだ

用法　文末に「耳・已・而已・爾・而已矣・也已」などの漢字を置き、「のみ」と読む。書き下し文では、日本語の助詞にあたるので、ひらがなで記す。

形　「―」は体言や連体形で結ばれる。

(1) 以(テシテ)二魯国(ヲ)一而儒者一人耳(のみ)。　←「みみ」ではない

書　魯国(ろこく)を以(もつ)てして儒者一人(じゆしやいちにん)のみ。
訳　魯国をもってしても真の儒者は一人だけだ。

2　唯―・惟―　徒―・但―

書　ただ―(ノミ)
訳　ただ―だけだ

3　独―

書　ひとり―(ノミ)
訳　ただ―だけだ

用法　2「唯・惟・徒・但・只・直・特」や3「独」は、限定をあらわす副詞。しばしば前に見た「のみ」と読む漢字と呼応する（112頁）。3「独」は「ひとり」と読むが、「ただ―だけだ」の意。

形　「―」は終止形で結ぶか、体言や連体形に「ノミ」と送りがなをつける。しばしば限定の副詞と「ノミ」で限定される言葉「―」を挟むが、限定の副詞は述語の前にあればよく、挟まない場合も少なくない。

発展　「独―(乎)」には反語としての用法もある（104頁）。

(1) 唯(タダ)聞(クノミ)二女(むすめノ)歎息(ヲ)一。　←「聞女歎息」を限定する

書　唯(た)だ女(むすめ)の歎息(たんそく)を聞(き)くのみ。
訳　ただ娘のため息が聞こえるだけだ。

(2) 独(ひとり)魯(ノミ)不(レ)下(ラ)。

書　独(ひと)り魯(ろ)のみ下(くだ)らず。
訳　ただ魯国だけが降参していない。

練習問題

問一　次の空欄を埋めよ（書はすべてひらがなで記せ）。

①　前言ハ戯（たはむ）レシ㆑之ニ耳。
書　前言は之に戯れし（　　　）。
訳　先ほどの言葉はからかっただけだ。

②　唯ダ戎（じう）ノミ不㆑動カ。
書　（　　）戎のみ動かず。
訳　ただ王戎（人名）だけは動かなかった。

③　今独リ臣ノミ有リ㆑船。
書　今（　　　）臣（　　　）船有り。
訳　今、ただわたしだけが船を持っています。

④　影ハ徒ダ随フノミ㆓我ガ身ニ㆒。
書　影は徒だ我が身に随ふのみ。
訳　影は（　　　）わたしの体につき従うだけだ。

問二　次の空欄を埋めよ。

①　惟ダ為ス㆑善ヲ者ノミ能ク有リ㆑後。
書　惟だ善を為す者のみ能く後有り。
訳　（　　　）善行を積む者（　　　）子孫を持つことができる。

②　書ハ足ル㆔以テ記スニ㆓名姓ヲ㆒而已。
書　書は以て名姓を記すに足る（　　）。
訳　文字は姓名を書くのに役立つだけだ。

練習問題解答

問一　①＝のみ　②＝ただ　③＝ひとり・のみ　④＝ただ　〈解説〉①「耳」が文末に置かれ、返読しないときは、まず限定「のみ」の可能性を考える。限定の②「唯」、④「徒」は「ただ」と読む。下に「ノミ」とあるのに注意する。③「独」の読みは「ひとり」。意味は「ただ―だけだ」。「臣」は一人称「わたし」。

問二　①＝ただ・だけが　②＝のみ　〈解説〉①「惟―…」（ただ―ノミ…）の形なので、「ただ―だけが…」と訳す。②「而已」は二字で「のみ」と読む。

4 限定の副詞と文末の漢字を併用するもの

用法 限定をあらわす「唯」「独」などの副詞と、「のみ」と読む漢字（「耳」など）はしばしば併用される。

(1) 家無㆓一銭㆒、惟病驢古琴而已。

書 家に一銭無く、惟だ病驢と古琴とのみ。

訳 家には一銭もなく、ただ病気のろばと古い琴があるだけだった。

5 僅—

書 わづカニ—(ノミ)

訳 わずかに—ばかりだ

用法 「僅・纔」も「わづカニ」と読む限定の副詞。意味は数量や程度が僅少であることをあらわすが、「ただ—だけだ」の意味の場合もある。

形 「—」は終止形で結ぶか、体言や連体形に「ノミ」と送りがなをつける。

(1) 資銀僅百銭。

書 資銀は僅かに百銭のみ。

訳 元金はわずかに百銭に過ぎなかった。

6 文脈により限定で解釈するもの

用法 文脈の都合で限定として読む場合がある。一般には送りがなに「ノミ」と送られているので、それをヒントに解釈すればよい。

(1) 二旬而九食。

書 二旬にして九食するのみ。

訳 二十日間で九回食事を取っただけだった。

7 断定・強意

用法 限定は、ある範囲を強調する表現であるから、たとえば「十人の中で一人だけがもっている」という文字どおりの限定にもなれば、断定「—（というだけ）なのだ」という強意の意味でつかわれることもある。どちらの意味になるかは、形式的には判断できず、文脈に依存する。

漢文を読むときは、まず限定の可能性を考えて解釈するとよく、どうしても限定で意味が通じないようであれば、断定・強意の意味で解釈してみるとよいだろう。

練習問題

問三　次の空欄を埋めよ（書はすべてひらがなで記せ）。

①　但ダ見ル二草木ノ栄枯スルヲ一耳。
書　但だ草木の栄枯するを見るのみ。
訳　（　　）草木が繁ったり枯れたりするのを見る（　　）。

②　劉備奔走シ、僅カニ以テレ身ヲ免ルルノミ。
書　劉備奔走し、（　　）身を以て免るるのみ。
訳　劉備は逃げ出し、やっと体ひとつで逃げ延びた。

③　此ノ意陶潜ノミ解ス。
書　此の意陶潜のみ解す。
訳　この気持ちは陶潜（　　）理解してくれる。

④　明帝在ルコトレ位ニ纔カニ十八年耳。
書　明帝位に在ること纔かに十八年のみ。
訳　明帝が皇帝の位についていたのは（　　）十八年（　　）。

問四　次の傍線部の間違いを正せ。

①　新婦ノ所ハレ乏とぼシキ唯ダ容よう爾。
書　新婦の乏しき所は唯だ容爾。→（　　）
訳　新婦であるわたしに足りないのはただ身だしなみだけです。

②　独リ其ノ言在ル耳。
書　独り其の言在るのみ。
訳　ひとりの人の言葉が残されただけだ。→（　　）

練習問題解答
問三　①＝ただ・だけだ　②＝わづかに　③＝だけが　④＝わずかに・ばかりであった　〔解説〕①は限定の「但」と「耳」の併用。②「僅」も限定の一種。「僅以レ身免」で、着の身着のまま逃げたの意。③送りがな「ノミ」がヒント。④「纔」は「僅」と同じ。送りがな「カニ」がヒント。
問四　①＝唯だ容のみ　②＝ただその言葉が　〔解説〕①「唯」（ただ）から「爾」＝「のみ」を思いつく。②「独」は「ひとり」と読むが、人物以外にもつかわれ、一般的には「ただ―だけだ」と訳す。ここでは「独―耳」の形で「ただ―だけ」の意。

演習問題⑫

趙の恵文王は、秦との交渉で功績のあった藺相如(りんしょうじょ)を上卿(大臣)に任命した。次の文章は、これに続く場面である。読んで後の問に答えよ。

頗(注1)曰ハク、「我為リ二趙ノ将一、有リ二攻城野戦之功一。相如素(もと)賤人ナリ。(1)徒ダ以テ二口舌ヲ一居ルノミ二我ガ上ニ一。吾羞ヅレ為ルヲ二之ガ下ト一。我見バ二相如ヲ一、必ズ辱メントレ之ヲ。」相如聞キレ之ヲ、a 毎ニレ朝スルニ常ニ称シレ病ト、不レ欲セ二与b 争フヲ(注2)レ列ヲ一。出デテ望見スレバ、輒チc 引キテレ車ヲ避ケ匿(かく)ル。其ノ舎人(注3)皆以テ為スレ恥ト。相如曰ハク、「夫レ以テスラ二秦之威ヲ一、相如廷叱(注4)シ二之ヲ一、辱ム二其ノ群臣ヲ一。(2)相如雖モレ駑(注5)ナリト、独リ畏レン二廉将軍ヲ一哉。顧念スルニ強秦ノ不三敢ヘテ加ヘ二兵ヲ於趙ニ一者ハ、徒ダ以テ二吾ガ両人ノ在ルヲ一也。今(3)両虎共ニ闘ハバ、其ノ勢ヒ(注6)不二倶ニハ生キ一。吾ガ所二以ノ為スレ此ヲ者ハ、先ニシテ二国家之急ヲ一而後ニスレバ二私讐ヲ一也ト。」頗聞キレ之ヲ、(4)肉袒(たんシテ)(注7)負ヒレ荊ヲ、詣(いた)リテレ門ニ謝シレ罪ヲ、

（注）
1 頗―廉頗(れんぱ)。趙の将軍。
2 争レ列―朝廷での席次を争う。
3 舎人―近臣。
4 廷叱―朝廷で怒鳴りつける。
5 駑―愚かである。
6 勢―なりゆき。
7 肉袒負レ荊―肌ぬぎして、いばらの鞭を背負う。謝罪の意志を伝えたもの。

／30

遂為二刎頸之交一。

（『十八史略』による）

問一　傍線部a「毎」・b「与」・c「輒」の読みを、送りがなを含めて、すべてひらがなで答えよ（現代かなづかいでよい）。

a	b	c

問二　傍線部(1)「徒以二口舌一居二我上一」を現代語訳せよ。

問三　傍線部(2)「雖レ駑、独畏二廉将軍一哉」をすべてひらがなで書き下し文にせよ（現代かなづかいでよい）。

問四　傍線部(3)「両虎共闘、其勢不二倶生一」とあるが、どういうことか。「両虎」が指すものを明らかにして説明せよ。

問五　傍線部(4)「肉袒負レ荊、詣レ門謝レ罪」とあるが、廉頗がこのような行動を取ったのは、誰のどのような考え方を知ったからか、簡潔に説明せよ。

累加形

累加は、ある限定された範囲だけでなく、さらにそれ以外をも含むことを意味する表現。限定形が前提になっているので、限定形を学んでから取り組んでほしい。

1 否定＋限定

用法 限定された部分（「ただ―ノミ」など）を否定し、「ただ―だけでなく、さらに…でもある」と限定の外に範囲を広げる。読みに特徴があり、限定の副詞が「ただ」と読む漢字（唯・惟など）の場合は「たダニ―ノミナラず、…」、「独」の場合は「ひとリ―ノミナラず、…」と読む。なお「…」が自明である場合は省略され、「ただ―だけではない」（たダニ―ノミナラず）となる。

形 「否定＋限定形（限定の副詞＋―）＋…」の形になる。「…」が自明な場合はしばしば省略される。

＊「否定＋限定」の主なもの

不二唯―一	たダニ―（ノミナラ）ず
不二独―一	ひとリ―（ノミナラ）ず
非二唯―一	たダニ―（ノミニ）あらズ
非二独―一	ひとリ―（ノミニ）あらズ

否定＋限定

(1) 不二唯忘一レ帰、可二以終一レ老。

書 唯だに帰るを忘るるのみならず、以て老を終ふべし。

訳 ただ故郷に帰ることを忘れるだけでなく、このまま余生を終えてもよいと思う。

(2) 避レ世不二独商山翁一。

書 世を避くること独り商山の翁のみならず。

訳 隠遁したのはただ商山に隠れた老人たちだけではない。

＊累加（否定＋限定）の構造①

不 唯―
非 独―（…）
限定形を否定する

ただ―だけでなく（…でもある）
否定

練習問題

問一 次の空欄を埋めよ（書はすべてひらがなで記せ）。

① 不㆓徒ダニ東南之美ナルノミナラ㆒、実まことニ為たリ㆓海内之秀㆒。

書 〔　　〕東南の美なる〔　　〕、実に海内の秀たり。

訳 東南の地のすぐれた人物であるだけでなく、本当に天下の秀才でもある。

② 士之有ルハ㆓気節㆒、不㆔独リ以テ立ツルノミナラ㆓其ノ一身ヲ㆒也。

書 士の気節有るは、〔　　〕以て其の一身を立つる〔　　〕なり。

訳 気概や節操がある男子は、ただ自分の身を立派に完成させるだけではない。

③ 不㆔惟ダニ挙あグルノミナラ㆓之ヲ於其ノ口ニ㆒、而モ又筆ふでス㆓之ヲ於其ノ書ニ㆒。

書 惟だに之を其の口に挙ぐるのみならず、而も又之を其の書に筆す。

訳 〔　　〕これを口で言う〔　　〕、さらにこれを書物に書き記す。

問二 次の空欄を埋めよ（送りがなを省いたところがある）。

① 非ズ㆓但君ノ択えらブノミニ㆑臣ヲ、臣モ亦タ択ブ㆑君ヲ。

書 〔　　〕、臣も亦た君を択ぶ。

訳 ただ主君が臣下を選ぶだけでなく、臣下もまた君主を選ぶ。

練習問題解答

問一 ①＝ただに・のみならず ②＝ひとり・のみならざる ③＝ただ・だけでなく 〔解説〕①「不㆓徒―㆒」は、「ただ」と読む限定の副詞「徒」が否定されているので、「ただニ」。②「独」は「ひとリ」と読むので、否定されても「ひとリ」のまま。「不」（ず）は「也」（なり）につづくので、連体形「ざル」に改める。③「不㆓惟―㆒」は累加「ただ―だけでなく、さらに…でもある」の典型。

問二 ①＝但だに君の臣を択ぶのみに非ず 〔解説〕①「非㆓但―㆒」＝「ただニ―ノミニあらズ」の形。

基礎編　句法

2　反語＋限定

用法　累加は「否定＋限定」のほかにも、「反語＋限定」の形をとる場合がある。否定の部分を反語（「何—乎・豈—哉」など）に変えても、「どうしてただ—だけだろうか、いや—だけではない」となり、実質的に「否定＋限定」と同じ意味になるからである。累加の意味をもつ反語表現は、「否定＋限定」と同様に、限定の副詞を「たダニ」と読み、しばしば文末を「ノミ」で結び、さらに反語「ンヤ」につらなり、「ノミナランヤ」となる。

形　「反語＋限定形（限定の副詞＋—）＋…」の形。

(1)　当二斯之勤一、豈惟民哉。（反語：豈…哉／限定：惟民）

書　斯の勤に当たるは、豈に惟だに民のみならんや。

訳　この仕事にあたったのは、どうしてただ民だけだろうか、いや民だけではない。

(2)　奚独救レ饑耶。

書　奚ぞ独り饑を救ふのみならんや。

訳　どうしてただ飢饉を救うだけだろうか、いや飢饉を救うだけではない。

＊累加（反語＋限定）の構造②

限定形を反語で否定する

豈　惟—　（…）
何　独—

反語：どうしてただ—だけだろうか（…でもある）

＊否定と反語

反語の「どうして—だろうか、いや—ない」は、「—」の内容を否定する表現である。もちろんあえて反語で表現した文章は、単なる否定とは異なるニュアンスを帯びるが、思い切って単純化すれば、反語が指す内容は否定と同じになる。「反語＋限定」が実質的に「否定＋限定」と同じ意味をもつのは、このためである。学習の初期段階で、反語の内容がはっきりつかめないときは、反語の部分を否定の漢字に置き換え、意味を考えてみるとよい。

練習問題

問三　次の空欄を埋めよ（書はすべてひらがなで記せ）。

①　人間何独伯夷清。

書　人間何ぞ独り伯夷のみ清ならんや。

訳　人の世で〔　　　〕伯夷だけが潔白であろうか、いや潔白なのは伯夷だけではない。

②　所盗者、豈独其国邪。

書　盗む所の者は、〔　　　〕其の国〔　　　〕。

訳　盗んだものは、どうしてただその国だけだっただろうか、いやその国だけではない。

③　豈徒斉民安、天下之民挙安。

書　豈に徒だに斉の民の安きのみならんや、天下の民挙げて安し。

訳　〔　　　〕斉国の民が安らかである〔　　　〕、天下の民もみな安らかになるだろう。

④　吾子之請、諸侯之福也。豈唯寡君頼之。

書　吾子の請は、諸侯の福なり。豈に唯だに寡君のみ之に頼らんや。

訳　あなたの要請は、諸侯にとっての幸いです。〔　　　〕わが君だけが利益をこうむるでしょうか、〔　　　〕。

練習問題解答

問三　①＝どうしてただ　②＝あにひとり・のみならんや　③＝どうしてただ・だけだろうか　④＝どうしてただ・いやわが君だけが利益をこうむるのではありません　〔解説〕①「何独―」、②「豈独―」、③「豈徒―」、④「豈唯―」は、いずれも「どうしてただ―だけだろうか、いや―だけではない」という意味。④のように、「いや―ない」という反語の後半部分までしっかり訳出できるようにしてほしい。

演習問題⑬

次の文章を読んで後の問に答えよ。

a 凡吏（注1）於土者、若（注2）知其職乎。b 蓋（1）民之役、非以役民而已也。凡民之食於土者、出其什一（注3）傭乎吏、使司平於我也。今我受其直（注4）怠其事者、天下皆然。c 豈（2）唯怠之、又従而盗之。向使傭一夫於家、受若直、怠若事、又盗若貨器（注5）、則必甚怒而黜罰（注6）之矣。以今天下多類此。（3）而民莫敢肆其怒而黜罰、何哉。勢不同也。勢不同而理同。（4）如吾民何。有達於理者、得不恐而畏乎。

（柳宗元「送薛存義序」による）

（注）
1　吏於土―土地を守るもの。官吏。
2　若―ここでは著者・柳宗元の友人で、官吏として任地へ赴く薛存義を指す。
3　出其什一―収穫の十分の一を租税として出す。
4　直―俸禄。
5　貨器―財貨や器物。
6　黜罰―やめさせて罰する。

／30

問一　傍線部a「凡」・b「蓋」・c「然」の読みを、送りがなを含めて、すべてひらがなで記せ。

a	b	c

問二　傍線部(1)「民之役」をわかりやすく説明せよ。

問三　傍線部(2)「豈唯怠レ之、又従而盗レ之」を、(i)すべてひらがなで書き下し文にし(現代かなづかいでよい)、(ii)現代語訳せよ。

(i)	(ii)

問四　傍線部(3)「民莫下敢肆二其怒一而黜罰上、何哉」を現代語訳せよ。

問五　傍線部(4)「如二吾民一何」を、すべてひらがなで書き下し文にせよ。

問六　本文からうかがえる筆者の主張として最も適当なものを次の中から一つ選び、番号で答えよ。

1　道理に通じた者なら貴賤によって態度を変えない。
2　道理に通じた者なら身分に見合う俸禄を受け取る。
3　理性を備えた者なら民の怒りを抑圧して統率する。
4　理性を備えた者なら処罰をおそれず職務にあたる。

比較形 付・比況

比較とは、何かと何かを比べたり、何が最もよいのかを示す表現。まぎらわしい表現なので、何が比較の対象になっているのかをしっかりとらえてほしい。

1 ―不レ如二…一 ／ ―不レ若二…一

書 ―ハ…(ニ)しカず
訳 ―よりも…の方がよい

用法 「如・若」で比較をあらわす。しばしば否定の漢字「不・弗・未」を上に置き、「―不レ如二…一」の形をとる。直訳は「―は…に及ばない」であるが、「―よりも…の方がよい」と理解した方がわかりやすい。

形 「―不レ如二…一」(不＝弗・未／如＝若)の形になる。「―」と「…」は体言または連体形で結ばれる。「―」はしばしば省略される。

発展 ①比較「如・若」は否定の漢字をともなわず、「しク」と読むこともある。②「如」「若」の識別は語彙編176頁。

比較

(1) 百聞ハ不レず如カしカ二一見ニ一。

書 百聞(ひゃくぶん)は一見(いっけん)に如(し)かず。
訳 百度聞くことは一回見ることに及ばない。
→百回聞くよりも一回見た方がよい。

2 ―莫レ如二…一 ／ ―莫レ若二…一

書 ―(ハ)…(ニ)しクハなシ
訳 ―は…以上のものはない

用法 「如」「若」の上に否定の漢字「莫・無・勿・毋」(なシ)を置き、「―という中では……以上のものはない」、つまり「―に関しては…に及ぶものはない」という意味をあらわす。

形 「―莫レ如二…一」(莫＝無・勿・毋／如＝若)の形になり、「―」と「…」は体言または連体形で結ばれる。「―」はしばしば省略される。

発展 「―莫レ…レ焉」(「…」は体言、連体形)は定形句で、「―(ハ)これヨリ…ナルハなシ」(―は最も…だ)という意味になる。

(1) 除クハレ害ヲ莫なシレ如しクハレ尽クスニ。

書 害(がい)を除(のぞ)くは尽(つ)くすに如(し)くは莫(な)し。
訳 害を除くのは、害を除きつくす以上のものはない。
→害を除くのは、害を除きつくすのが一番よい。

練習問題

問一　次の空欄を埋めよ（書はすべてひらがなで記せ）。

①　巧詐ハ不レ如カ二拙誠ニ一。

書　巧詐は拙誠（　　　　　　）。

訳　うまい嘘をつくことはつたない誠実さに及ばない。

→うまい嘘をつくよりも誠実である方がよい。

②　其ノ言フハ不レ若カ二其ノ黙スルニ一也。

書　其の言ふは其の黙するに若かざるなり。

訳　発言する（　　　　　　）黙っていた方が（　　　　　　）。

③　衣ハ莫シレ若クハレ新タナルニ。

書　衣は新たなる（　　　　　　）。

訳　服は新しいものが一番だ。

④　人ノ所ハレ急トスル無シレ如クハ二其ノ身ニ一。

書　人の急とする所は其の身に如くは無し。

訳　人の急務は我が身（　　　　　　）。

問二　発展　次の空欄を埋めよ（書はすべてひらがなで記せ）。

①　臣為ためニレ王ノ慮おもんぱかラバ、莫シレ若クハレ善クスルニレ楚ト。

書　臣王の為に慮らば、楚と善くする（　　　　　　）。

訳　私が王様のために考えますには、楚と友好関係を結ぶのが一番よいでしょう。

②　乱莫シレ大ナルハレ焉ヨリ。

書　乱（　　　　　　）大なるは莫し。

訳　乱としてはこれよりも大きいものはない。

練習問題解答

問一　①＝にしかず　②＝よりも・よい　③＝にしくはなし　④＝以上のものはない　〔解説〕①②とも比較「不レ如」「不レ若」の用法。直訳と意訳から意味を考える。③④も比較「莫レ若」「無レ如」。これも直訳と意訳のわかりやすい方で答えればよい。

問二　①＝にしくはなし　②＝これより　〔解説〕①比較される対象が文の場合でも、「―(二)しクハなシ・―(二)しカず」の読みは同じ。②は「―莫レ…レ焉」の定型句。「焉」は、ここでは「これ」と読む。

3　置き字を用いるもの

用法　置き字（於・于・乎）をつかって比較をあらわすことがある。送りがなが振られている場合は「ヨリ・ヨリモ」を頼りに、ない場合は文脈を手がかりに判断する。

形　①「―二置き字…一」の形で、「…ヨリ―」と読み、「…よりも―だ」の意味になる。②「莫三―二置き字…一」（莫＝無）の形で、「…ヨリ―ハなシ」と読み、「…より―なものはない」（…が最も―である）の意味になる。

発展　比較と同じ「―二置き字…一」の形で、受身（20頁および70頁）をあらわすこともあれば、「慈二於身一」（身を慈しむ＝体を大事にする）のように「身を慈しむ」となる場合もある。送りがなが省かれている場合は、よく文脈をふまえて解釈する必要がある。

(1) 苛政ハ猛ナリ二於虎ヨリモ一。

置き字「於」の機能が送りがなに反映されている。

書　苛政（かせい）は虎（とら）よりも猛（まう）なり。

訳　ひどい政治は虎よりも獰猛（どう）である。

(2) 禍（わざはヒ）ハ莫（な）シレ大ナルハ二於不ルヨリ一レ知ラレ足ルヲ。

書　禍（わざはひ）は足（た）るを知（し）らざるより大（だい）なるは莫（な）し。

訳　わざわいは満足を知らぬことが一番大きい。

付　比況　如・若・猶

用法　「―は…のようだ」という比喩表現を、漢文では比況とよび、「如」「若」や「猶」（再読文字）といった漢字がつかわれる。「―如二…一」（如＝若）、「―猶二…一」の形をとり、前者は「―（ハ）…（ノ・ガ）ごとシ」と読む。後者は「―（ハ）なホ…（ノ・ガ）ごとシ」と読む。「…」が体言で結ばれる場合は「ノ」、連体形の場合は「ガ」となる。なお「ごとシ」と読む「如・若」は、高校の漢文では助動詞をひらがなに改めるという原則にしたがい、ひらがなで書くことが多い。

(1) 流矢ハ如（ごと）シレ雨ノ。

書　流矢（りうし）は雨（あめ）のごとし。

訳　矢は雨のようであった。（＝矢は雨のように降り注いだ。）

練習問題

問三　次の空欄を埋めよ。

①　子貢ハ賢ナリ二於仲尼ヨリモ一。

書　子貢は仲尼よりも賢なり。

訳　子貢は仲尼（孔子）（　　　　）賢い。

②　燭てらスコトレ地ヲ如シ二月光ノ一。

書　地を燭すこと月光の（　　　　）。

訳　地面を照らす様はまるで月明かりのようだった。

③　天下之国、莫シレ強キハ二於斉ヨリモ一。

書　天下の国、斉よりも強きは莫し。

訳　天下の国で、斉（　　　　）強い国はない。

④　悲シミハ莫シレ甚ダシキハ二於貧困ヨリモ一。

書　悲しみは貧困よりも甚だしきは莫し。

訳　悲しみは貧困ほど（　　　　）。

問四　発展　置き字に注意して、次の空欄を埋めよ（送りがなを省いたところがある）。

①　子美之歯ハ少わかシ二於予一。

書　子美の歯は予（　　　　）少し。

訳　子美（蘇舜欽）の年齢は私よりも若い。

②　公仲ハ甚ダ重二於王ニ一。

書　公仲は甚だ王に（　　　　）

訳　公仲はたいへん王様に重用されていた。

> **練習問題解答**
>
> 問三　①＝よりも　②＝ごとし　③＝よりも　④＝大変なものはない　〔解説〕①は比較の「於」。子貢は孔子の弟子。②は比況の「如」。高校漢文では「ごとし」とひらがなで書く。③④は「最も―だ」の意。④は「莫レ甚二於―一」の形と訳から見抜く。
>
> 問四　①＝よりも　②＝重んぜらる　〔解説〕①の「於」は比較を意味する。「歯」は「年齢」の意。②「重二於…一」の形から比較としても読めるが、訳から受身と判断する。「王に重用されていた」であるから、「重」は「重んず」で、これを受身「ラル」につなげるので、未然形「重んぜ」に活用させる。

演習問題⑭

次の文章を読んで後の問に答えよ（設問の都合で返り点・送りがなを省いたところがある）。

（注1）白公勝得二荊(けい)国(ヲ)一、(1)不能以府庫（注3）分人。七日、石乙(せきいつ)（注4）入(リテ)曰(ハク)、「不(レ)義(ニシテ)得(レ)之(ヲ)、又不(レ)能(ハ)二布施(スル)一、患(ヒ)必(ズ)至(ラン)矣。不(レ)能(ハ)レ予(フル)レ人(ニ)、(2)不(レ)若(カ)二焚(やキテ)レ之(ヲ)、毋(キニ)レ令(ムル)二人(ヲシテ)害(セ)レ我(ヲ)。」白公弗(レ)聴(カ)也。九日、葉公（注5）入(リ)、a乃(チ)発(ひらキテ)二大府（注6）之貨(ヲ)一以(テ)予(ヘ)レ衆(ニ)、出(ダシテ)二高庫（注7）之兵（注8）(ヲ)一以(テ)賦(わかチ)レ民(ニ)、因(リテ)而攻(ム)レ之(ヲ)。十有九日(ニシテ)而禽(とりこニス)二白公(ヲ)一。

b夫(レ)国(ハ)非(ズ)二其(ノ)有(ニ)一也、而欲(スルハ)レ有(ルニ)レ之(ヲ)、可(シ)レ謂(フ)二(3)至貪(たんト)一也。不(レ)能(ハ)レ為(ためニスル)レ人(ノ)、又無(キハ)二以(テ)自(ラ)為(スコト)一、可(シ)レ謂(フ)二(4)至愚(ト)一矣。譬(フルニ)白公之嗇(しょくハ)（注9）也、(5)何(ヲ)以(テ)異(ナラン)三於梟(ふくろふ)之愛(スルニ)二其子(ヲ)一也。故(ニ)老子曰(ハク)、「持(シテ)而盈(みたスハ)レ之(ヲ)、c不(レ)如(カ)二其(ノ)已(やムニ)一。揣(とギテ)而鋭(するどクスレバ)レ之(ヲ)、不(レ)可(カラ)二長(ク)保(ツ)一也。」

（『淮南子』による）

（注）
1 白公勝―楚の貴族。勝は名。反乱を起こし、一時国権を掌握した。
2 荊―楚の別名。
3 府庫―財物庫。
4 石乙―人名。
5 葉公―人名。楚の臣下。
6 大府―府庫の一。
7 高庫―府庫の一。
8 兵―武器。
9 嗇―貪婪・貪欲。

／30

問一 傍線部a「乃」・b「夫」・c「不レ如」の読みを、送りがなを含めて、すべてひらがなで記せ（現代かなづかいでよい）。

a	b	c

問二 傍線部(1)「不能以府庫分人」は「ふこをもつてひとにわくるあたはず」と読む。この読み方にしたがって、解答欄の白文に返り点をつけよ。

不能以府庫分人

問三 傍線部(2)「不レ若二焚レ之母レ令二人害レ我」を、適当な言葉を補って、現代語訳せよ。

問四 傍線部(3)「至貪」・(4)「至愚」とはそれぞれどのようなことを指すのか、具体的に説明せよ。

(3)	(4)

問五 応用 傍線部(5)「何以異三於梟之愛二其子一也」とあるが、ある本には「梟子長、食二其母一」（梟の子は長ずれば、其の母を食らふ）という注が添えられている。本文の内容をふまえて、傍線部の意味を説明せよ。

選択形

選択は何かを比較して、そのどちらかを選ぶ表現。わかりにくい表現なので、選択をあらわす漢字を覚え、何が比較され、選択されているのかを丁寧におさえよう。

1 寧―不二…一

書 むしロ―(モ)…ず

訳 (むしろ)―しても…しない

用法 基本形は「寧―」(むしろ―する)だが、「寧―不二…一」の形でしばしばつかわれる。「寧―不二…一」は、下に否定の漢字をともない、「…」よりも「―」を選択するという意味になる(「不」以下が否定される)。直訳は「むしろ―しても…しない」だが、「…よりもむしろ―する」と訳した方がわかりやすい場合もある。

形 「寧―不二…一」の形になり、「不」には否定の漢字や反語「豈」など、「…」以下を否定する漢字が入る。「―」は体言や連体形で結ばれることが多い。

発展 「寧」は「無乃」(二字で「むしロ」と読む)をつかうこともあるが、この場合は「無二乃―一」(すなはチ―なカランヤ・―でないことがあろうか、いや―である)と反語の意味でとることが多い。

(1) 寧(むしロ)為(ルトモ)二鶏口(ト)一、無(カレ)レ為(ル)二牛後(ト)一。

「為鶏口」＞「為牛後」

書 寧(むし)ろ鶏口(けいこう)と為(な)るとも、牛後(ぎゅうご)と為(な)る無(な)かれ。

訳 鶏のくちばしにはなっても、牛の尻にはなるな。

2 ―孰…

書 ―(ハ)いづレカ…(スル)

訳 ―はどちらが…か

用法 「―はどちらが…なのか」という選択疑問(選択を問う形)をあらわす。二者択一の場合は、「A与レB、孰…」(AトBと、いづレカ…)となる。

形 「―孰…(乎)」の形で、「―」に比較の対象が、「…」に比較する内容が入る。文末に「乎」(耶・牙など)などが置かれることもある。

発展 「孰」は「たれカ」(疑問・反語)と読むことも多い(56頁)。

(1) 礼与(ト)レ食、孰(いづレカ)重(キ)。

書 礼(れい)と食(しょく)と、孰(いづ)れか重(おも)き。

訳 礼義と食料とではどちらが重要だろうか。

練習問題

問一 次の空欄を埋めよ（書はすべてひらがなで記せ）。

① 我寧ロ為ルモ㆓国家ノ鬼ト㆒、不ルレ為ラ㆓賊ノ将ト㆒也。

書 我寧ろ国家の鬼と為るも、賊の将と為らざるなり。

訳 わたしは（死んで）国家の英霊と〔　　　〕、（生きて）賊軍の将とはならない。

② 寧ロ信ズルモレ度ヲ、無キ㆓自ラ信ズル㆒也。

書 〔　　　〕度を信ずるも、自ら信ずる無きなり。

訳 自分の判断よりも客観的な決まりの方が信用できる。

③ 創業ト守成ト孰レカ難キ。

書 創業と守成と孰れか難き。

訳 創業と守成とでは〔　　　〕難しいか。

④ 女（なんぢ）ト与レ回孰レカ愈（まさ）レル。

書 女と回と〔　　　〕愈れる。

訳 お前と回（顔回）とではどちらが優れているか。

問二 発展 次の空欄を埋めよ。

① 新タニ与レ晋盟シテ而背クハレ之ニ、無㆓乃チ不ルレ可ナラ㆒乎。

書 新たに晋と盟して之に背くは、乃ち可ならざる無からんや。

訳 新しく晋と盟約しながらそれに背くことは、間違いではないだろうか、〔　　　〕。

練習問題解答

問一 ①＝なっても ②＝むしろ ③＝どちらが ④＝いづれか

〔解説〕①「寧―不㆓…㆒」、②「寧―無㆓…㆒」は、「―しても…しない」の意味。③④「―孰…」は「―はどちらが…か」の選択疑問。なお③は創業・守成として現在でもしばしばつかわれる。創業はもちろん困難だが、守成はそれよりも難しいという意味。唐の太宗の言葉。④「回」は孔子の高弟の顔回を指す。

問二 ①＝いや間違いである 〔解説〕「無乃」は「すなはチ―なカランヤ」と分けて読んでも、二字で「むしロ」と読んでもよい。意味はどちらでも同じだが、反語で読む場合は、解答のように「―でないことがあろうか、いや―である」とするとよい。「むしロ」と読む場合は、「むしろ―だ」。

3　—孰ニ与…ー／—孰ニ若…ー

書　—(ハ)…(ニ)いづレゾ
訳　—と…はどちらがどうか

用法「—孰与…」「—孰若…」は選択疑問の一種。対象を比較して、「どちらがどうか」と問いかけつつ、実際は「…」を選ぶ。「孰与」「孰若」の二字で「いづレゾ」と読む。

形「—孰ニ与…ー」の形で、「—」「…」に比較する対象が入る。

(1)　早クフハ救レ之ヲ孰ニ与いづレゾ晩おそク救フノレ之ヲ便ナルニ一。

（早救之：比較の対象／便：比較する内容）

書　早はやく之これを救すくふは晩おそく之これを救すくふの便べんなるに孰与いづれぞ。

訳　早く救うことは、遅く救うことが都合のよいことに比べて、どちらがどうか（遅く救う方がよい）。

4　与ニ其—ー…

書　そノ—(セン)よリハ…
訳　—よりは…の方がよい

用法「与ニ其—ー」からはじまるのが特徴で、「…」には「不レ若ニ…ー」、「豈若ニ…ー」、「孰ニ若…ー」、「孰ニ与…ー」、「寧…」など、さまざまな表現が入る。直訳で意味が通じる場合もあるが、直訳では日本語として不自然になるものもあるので、「—よりは…の方がよい」と訳すとわかりやすい。なお「与其」が選択をあらわす目印であり、「其」に指示代名詞としての意味はなく、訳す必要はない。

形「与ニ其—ー［　　］ニ…ー」の形になり、空欄部分に「不若・豈若・孰若・寧」などが入る。「豈」は文末を「ン・ンヤ」、「寧」は「ン」「(セ)ヨ」（命令形）で結ぶ。

(1)　与よリハニ其そノ得ンニ小人ヲ一、不ずレ若しカレ得ルニ愚人ヲ一。

（与其：「与其」で選択をあらわす／得小人・得愚人：比較）

書　其その小人せうじんを得えんよりは、愚人ぐじんを得うるに若しかず。

訳　小人を朝廷に招くよりも、愚か者を招いた方がよい。

＊「与其—」のさまざまな形

形	読み
与ニ其—ー不レ若ニ…ー	そノ—よリハ…(ニ)しカず
与ニ其—ー豈若ニ…ー	そノ—よリハ…あニ…(ニ)しカン
与ニ其—ー孰ニ若…ー	そノ—よリハ…(ニ)いづレゾ
与ニ其—ー寧…	そノ—よリハ…むしロ…

※「不」は他の否定の漢字（非・無など）もつかわれる。

練習問題

問三　次の空欄を埋めよ（書はすべてひらがなで記せ）。

① 卿之功孰与武安君。

書　卿の功は武安君に孰与れぞ。

訳　あなたの功績は武安君と〔　　　　　〕。

② 今日韓魏、孰与始強。

書　今日の韓と魏とは、始めの強きに〔　　　　　〕。

訳　今日の韓と魏の国は、むかしの強かった頃に比べてどうか（どちらが強くどちらが弱いか）。

③ 与其久生乱世也、不若死而報太子。

書　其の久しく乱世に生きん〔　　　　　〕、死して太子に報ずるに〔　　　　　〕。

訳　乱世に長生きするよりも、死んで太子の恩に報いた方がよい。

④ 与其有誉於前、孰若無毀於其後。

書　其の前に誉有らんよりは、其の後に毀無きに孰若れぞ。

訳　生前に名誉があることと、死後に批判がないことと、どちらがよいか。

→生前に名誉がある〔　　　　　〕、死後に批判がない〔　　　　　〕。

⑤ 礼与其奢也寧倹。

書　礼は其の奢らんよりは寧ろ倹なれ。

訳　礼は〔　　　　　〕、節約した〔　　　　　〕。

練習問題解答

問三　①＝どちらがどうか　②＝いづれぞ　③＝よりは・しかず　④＝よりも・方がよい　⑤＝豪奢であるよりも・方がよい　〔解説〕①②は「孰与」をつかった選択疑問。②の「始めの強き」は、「今日の韓と魏」に対応し、「始めの強かった韓と魏」の意味。③④⑤は「与其」をつかった選択疑問。③は「不レ若」、④は「孰若」、⑤は「寧」をつかって、どちらがどちらよりよいかを示している。直訳だとわかりにくいので、「―よりも…の方がよい」という意味で理解する。なお③⑤の「也」は、ここでは置き字。

演習問題⑮

次の文章を読んで後の問に答えよ。

魏(注1)龐涓伐韓。韓請救於斉(注2)。斉(注3)威王召大臣而謀曰、「(1)蚤救孰与晩救。」(2)成侯曰、「不如勿救。」(3)田忌曰、「弗救則韓且折而入於魏。不如蚤救之。」孫臏曰、「夫韓魏之兵未弊而救之、a是吾代韓受魏之兵、顧反(4)聴命於韓也。b且魏有破国之志。韓見亡、必東面而愬於斉矣。吾因深結韓之親而晩承魏之弊、則可(5)受重利而得尊名(注4)也。」王曰、「善。」c乃陰許韓使而遣之。韓因恃斉。五戦不勝、而東委国於斉。(『資治通鑑』による)

(注)
1 魏―戦国時代の国名。
2 韓―戦国時代の国名。魏の南方にある。
3 斉―戦国時代の国名。魏・韓の東方にある。
4 尊名―名声。

／30

問一　傍線部a「是」・b「且」・c「陰」の読みを、送りがなを含めて、すべてひらがなで記せ。

a	
b	
c	

問二　傍線部(1)「蚤救孰与晩救」を、(i)すべてひらがなで書き下し文にし(現代かなづかいでよい)、(ii)現代語訳せよ。

(i)	
(ii)	

問三　傍線部(2)「成侯」・(3)「田忌」の主張をわかりやすく説明せよ。

(2)	
(3)	

問四　傍線部(4)「聴命於韓也」とはどういうことか、簡潔に説明せよ。

問五　応用　傍線部(5)「受重利而得尊名」とあるが、斉が「重利」と「尊名」を手に入れられるのはなぜか、その理由を簡潔に説明せよ。

抑揚形

抑揚は、前半を「―でさえ…だ」とおさえ(=抑)、後半を「まして〜ならなおさらだ」ともちあげて(=揚)強調する表現。「況」をつかう場合と、反語をつかう場合とがある。

1　―且(尚・猶)…。(而)況〜乎。
書　―(スラ)かツ(なホ)…。(しかルヲ)いはンヤ〜ヲや。
訳　―でさえ…だ。まして〜なら、なおさら(…)だ。

2　―…。(而)況〜乎。
書　―(ハ)…。(しかルヲ)いはンヤ〜ヲや。
訳　―は…だ。まして〜なら、なおさら(…)だ。

用法　1・2ともに「況」をつかう形。「況」はしばしば疑問をあらわす漢字「乎・也・哉」などと呼応する。また1のように前文に「且・尚・猶」を置いて、「―でさえ…」と強調する形と、2のように「且」などは置かず、直に「況」で抑揚をあらわす場合とがある。

形　「〜」は体言や連体形で結ばれる。

発展　「況〜乎」は、「況於二〜一乎」(いはンヤ〜ニおイテヲや)の形になることもあるが、意味は同じである。

(1)　布衣ノ交ハリスラ尚ホ不二相ヒ欺カ一。況ンヤ大国ヲ乎。
抑　揚　↓況大国不相欺(乎)
書　布衣の交はりすら尚ほ相ひ欺かず。況んや大国をや。
訳　無官の者の交際でさえ互いにだますことはない。まして大国同士の交際ならなおさらだますことはない。

3　―且(尚・猶)…。安〜。
書　―(スラ)かツ(なホ)…。いづクンゾ〜ン(ヤ)。
訳　―でさえ…だ。どうして〜だろうか、いや〜ない。

用法　「且・尚・猶」の後に、「況」ではなく反語表現を置く形。「安」には「安・豈」などの反語をあらわす漢字が入る。結果的に「況」を使った場合と同じく、「―でさえ…なのに、(ましてや)どうして〜だろうか」の意味となる。

形　「〜」は未然形で結ばれる。

(1)　身スラ且ツ不レ愛セ。安クンゾ能ク愛センヤ君ヲ。
書　身すら且つ愛せず。安くんぞ能く君を愛せんや。
訳　自分自身でさえ愛せない。どうして主君を愛することができるだろうか、いや主君を愛することなどできない。

練習問題

問　次の空欄を埋めよ（書はすべてひらがなで記せ）。

①　小国スラ軽ンズレ子ヲ。況ンヤ大国ヲ乎。

書　小国すら子を軽んず。況んや大国をや。

訳　小国ですらあなたを軽視する。〔　　　〕大国なら〔　　　〕。

②　王侯スラ猶ホ患(うれ)フレ貧ヲ。況ンヤ庶民ヲ乎。

書　王侯〔　　　〕貧を患ふ。〔　　　〕庶民〔　　　〕。

訳　王や諸侯でさえ貧窮を心配する。まして庶民であればなおさら貧窮を心配する。

③　夫ノ罪軽キスラ且ツ督(とく)スルコト深シ。而ルヲ況ンヤ有ルヲ二重キ罪一乎。

書　夫の罪軽きすら且つ督すること深し。而るを況んや重き罪有るをや。

訳　罪が軽い場合〔　　　〕処罰は重い。〔　　　〕罪が重い場合は〔　　　〕。

④　多キハレ算勝チ、少ナキハレ算不レ勝タ。而ルヲ況ンヤ於イテヲレ無キニレ算乎。

書　算多きは勝ち、算少なきは勝たず。〔　　　〕算無きに〔　　　〕。

訳　謀(はかりごと)が多いものは勝ち、謀が少ないものは負ける。まして謀がないものはなおさら勝てない。

⑤　其ノ父母スラ不レ顧ミ。安クンゾ能ク顧ミンヤレ王ヲ。

書　其の父母すら顧みず。安くんぞ能く王を顧みんや。

訳　自分の父母〔　　　〕気にかけない。どうして王を気にかけたりするだろうか、〔　　　〕。

練習問題解答

問　①＝まして・なおさらあなたを軽視する　②＝すらなほ・いはんや・をや　③＝でさえ・まして・なおさら処罰は重い　④＝しかるをいはんや・おいてをや　⑤＝でさえ・いや気にかけるはずがない　〔解説〕①「―…。況～乎」、②「―猶…。況～乎」、③「―且…。而況～乎」、④「―…。而況於二～一乎」の形。訳す際は「～なら、なおさら…」の「…」を補う。⑤は「―…。安～」の形。反語は強い否定であり、「自分の父母でさえ気にかけないのだから、まして王のことなど気にかけるはずがない」と同意になる。

詠嘆形

詠嘆とは、喜びや悲しみといった感情をあらわす表現。「嗚呼」「哉」といった特定の語句をつかうものと、疑問・反語の形をつかうものとがある。

	書	訳
1 嗚呼―	ああ―(かな)	ああ―(だなあ)
2 ―哉	―かな	―だなあ

用法 詠嘆は「ああ」と読む漢字を句頭に置く場合、「かな」と読む漢字を句末に置く場合、両者を併用する場合がある。「ああ」には「嗚呼・嗟乎・噫・嗟・吁」、「かな」には「哉・乎・也・矣・与・夫」などの漢字が入る。

形 「(ああ)―かな」と読む場合は、「―」は連体形(体言＋ナル)で結ばれる。また「―哉…」(―かな…や)と倒置することもある。「かな」は書き下し文ではひらがなにする。

(1) 嗚呼(ああ)、人之生(クル)也(や)難(キ)矣(かな)。

書 嗚呼(ああ)、人(ひと)の生(い)くるや難(かた)きかな。

訳 ああ、人生とは難しいものだなあ。

	書	訳
3 豈不二―一哉	あニ―ずや	なんと―ではないか
4 不二亦―一乎	まタ―ずや	なんと―ではないか
5 何―也	なんゾ―や	なんと―ではないか

用法 詠嘆はしばしば疑問・反語の形をとって表現される。「どうして―なの？」(疑問)、「いや―のはずがない」(反語)に対して、「どうして―なのだろうなあ」と余韻を残すのが詠嘆である。ただし三者は意味的に重なる部分が多く、厳密には区分できないことも多い。ただ詠嘆で解釈する場合は、おおむね右のような読み・意味になる(106頁)。

形 「豈不二―一哉」「不二亦―一乎」の「―」は未然形(体言＋ナラ)で結ばれる。文末は「哉・乎・也」など、疑問・反語で「や・か」と読む漢字が入る。

(1) 豈(あニ)不(ず)レ哀(シカラ)哉(や)。

書 豈(あ)に哀(かな)しからずや。

訳 なんと哀しいことではないか。

練習問題

問　次の空欄を埋めよ（書はすべてひらがなで記せ。また送りがなを省いたところがある）。

①　嗚呼、甚(ダシキ)哉。

書　〔　　〕、甚だしき〔　　〕。

訳　ああ、ひどいものだなあ。

②　噫、其(レ)虚言(ナル)与(か)。

書　〔　　〕、其れ虚言なるか。

訳　ああ、それは嘘なのですか。

③　嗚呼、滅(ボス)二六国(ヲ)一者(ハ)六国也。

書　〔　　〕、六国を滅ぼす者は六国なり。

訳　ああ、戦国の六国を滅ぼしたのは六国自身である。

④　吁、悪(クンゾ)有(ラン)二満(チテ)而不レ覆(ル)(くつがへラ)者一哉。

書　〔　　〕、悪くんぞ満ちて覆らざる者有らんや。

訳　なんと、どうしていっぱいになればひっくりかえらないものがあろうか。

⑤　嗟乎、聖人之所レ見(ル)、豈(ニ)不レ遠(カラ)哉。

書　嗟乎、聖人の見る所、豈に遠から〔　　〕。

訳　ああ、聖人の見識は、なんと高遠ではないか。

⑥　責(ムルハ)二卜者(ノ)言必(ズ)信(アリト)一、不二亦(タ)惑(ヒナラ)一乎。

書　卜者の言必ず信ありと責むるは、亦た惑ひならずや。

訳　占い師の言葉は必ず当たるはずだと批判するのは、〔　　〕見当違いなことではないか。

練習問題解答

問　①＝ああ・かな　②＝ああ　③＝ああ　④＝ああ　⑤＝ずや　⑥＝なんと　〔解説〕①～④は「ああ」「かな」と読む漢字。③は「嗚呼―也」とあるが、この「也」は断定の「なり」。④「吁」も「ああ」と読む。「ああ、―」の形が多いので、形から見当をつけられるようにしておきたい。「ああ」は「なんと」のように、雰囲気にあわせて「ああ」以外の訳をつかうこともある。⑤は「ああ」と「豈不二―一哉」の併用。漢文でしばしば見られる。⑥は「不二亦―一乎」。⑤⑥ともに、「どうして遠くないことがあろうか、いや遠いのだ」や「また惑いでないのか、いや惑いである」と単純な反語で理解せず、「なんと―ではないか」と解釈できるようにしておきたい。

願望形

願望形は、何かを願ったり、求めたりするときにつかう表現。多くは漢字から意味を類推できるが、特殊な読み方をするものがあるので注意してほしい。

1 願—
書 ねがハクハ—
訳 ①—をねがう・—したい ②どうか—してください

2 請—
書 こフ—
訳 ①どうか—させてください ②どうか—してください

用法 「願・請」ともに①自分が何かを請願する場合「(自分が)—したい」と②相手に請願する場合「(相手に)—してほしい」とがある。返読して「—ヲねがフ・—ヲこフ」と読むことも多いが、「—」の字数が多ければ、「ねがハクハ—」「こフ—」のように返読しない読み方をする。

形 ①自分が何かを請願する場合、1は願う対象となる活用語を未然形＋「ン」(「—セン」など)で、2は請う対象となる活用語を未然形＋「ンコトヲ」で結ぶことが多い。
②相手に請願する場合は命令形で結ぶ。

発展 「冀」「庶」「庶幾」は「こひねがハクハ」と読み、「願」とほぼ同じ意味をあらわす。

(1) 願(ねがハクハ)各詳(ラカニ)思(へ)レ之(ヲ)。
書 願(ねが)はくは各(おのおの)詳(つまび)らかに之(これ)を思(おも)へ。
訳 どうか各人とも詳しくこれについて考えてください。

(2) 請(こフ)為(ために)レ王(ノ)殺(サンコトヲ)レ之(ヲ)。
書 請(こ)ふ王(わう)の為(ため)に之(これ)を殺(ころ)さんことを。
訳 どうか王様のためにあやつを殺させてください。

3 欲(二)—(一)
書 —(ト)ほっス
訳 —しようとする・—したい

用法 「—しようとする・—したい」という願望をあらわす。

形 「—」は未然形＋「ント」で結ばれる。

発展 同じ形で「いまにも—しようとする」の意味になる。

(1) 堯欲(ほっス)レ伝(ヘント)二天下(ヲ)於舜(ニ)一。
書 堯(ぎょう)天下(てんか)を舜(しゅん)に伝(つた)へんと欲(ほっ)す。
訳 堯は天下を舜に譲ろうとした。

練習問題

問　次の空欄を埋めよ（送りがなを省いたところがある）。

① 願ハクハ陛下念ヘレ之ヲ。

書　願はくは陛下之を念へ。

訳　（　　）、陛下、これをお考え（　　）。

② 願ハクハ与レ王倶ニ死セン。

書　願はくは王と倶に死せん。

訳　（　　）王と一緒に（　　）。

③ 願ハクハ陛下以テ二百姓ヲ一為レ念ト。

書　願はくは陛下百姓を以て念と為（　　）。

訳　どうか、陛下、人々のことをお考えください。

④ 賊騎稍ややヅケリ、請フ分ケテレ兵ヲ拒マンコトヲレ之ヲ。

書　賊騎稍近づけり、（　　）兵を分けて之を拒まんことを。

訳　敵の騎馬が近づいてきました、どうか兵を分けて防いでください。

⑤ 庶幾ハクハ上ハ解キ二天ノ怒リヲ一、下ハ慰メンコトヲ二人ノ心ヲ一。

書　庶幾はくは上は天の怒りを解き、下は人の心を慰めんことを。

訳　（　　）上は天の怒りを解き、下は人の心を慰めて（　　）。

⑥ 斉王欲スレ戦ハント。

書　斉王戦はんと欲す。

訳　斉の王様は（　　）。

練習問題解答

問　①＝どうか・ください　②＝どうか・死なせてください　③＝せ　④＝こふ　⑤＝どうか・ください　⑥＝戦おうとした〔解説〕①願望形「願」。「願」が「陛下念之」全体にかかっていることを意識したい。②自分の願望。自分が王に望んでいるわけだから、「一緒に死なせてほしい」の意。「一緒に死んでくれ」ではない。③相手に願う場合（―してください）は、願う内容を命令形で結ぶ。④「請」は返読しない場合も「こフ」と読む。⑤「庶幾」は「こひねがハクハ」と読む。意味は「どうか―してください」。なお「庶幾」で「ちかシ」の意味のときもあるので注意しておきたい。⑥日本語の「欲」（―したい）と同じ意味。

演習問題⑯

長い流浪の果てに祖国の晋に帰った公子・重耳（ちょうじ）は、艱難をともにした従者に恩賞を与えた。多くの従者が自分の功績を訴え、恩賞にありつこうとする中、介之推（かいしすい）だけは名乗り出ようとしなかった。次の文章はこれに続く場面である。読んで後の問に答えよ。

推曰、「献公(注1)之子九人、a 唯君(注2)在矣。天未絶晋、必将有主。主(注3)晋祀者、非君而誰。天実置之、而二三子(注4)以為己力、(1)不亦誣(注5)乎。窃人之財、猶謂之盗。(2)況貪(注6)天之功、以為己力乎。下義其罪、上賞其姦(注7)、b 上下相蒙。難与処矣。」其母曰、「盍亦求之。以死誰懟。」対曰、「尤而効之、(3)罪又甚焉。且出怨言、不食(注8)其食。」其母曰、「(4)亦使知之、若何。」対曰、「言身之文(注9)也。身将隠(注10)、

／30

（注）
1 献公―重耳の父。晋の君主であった。
2 君―重耳を指す。
3 主二晋祀一―君主の位を継ぐこと。
4 二三子―ここでは重耳の従者を指す。
5 誣―事実を偽る。
6 貪―盗む。
7 姦―悪事。
8 食二其食一―俸禄を得ること。
9 文―飾り。
10 隠―隠遁する。
11 顕―世間に名をあらわす。

焉用文之。是求顕也。」(注11)其母曰、「能如是乎。与汝偕隠。」遂隠而死。

（『春秋左氏伝』による）

問一　傍線部a「唯」・b「相」・c「汝」の読みを、送りがなを含めて、すべてひらがなで記せ（現代かなづかいでよい）。

a	b	c

問二　傍線部(1)「不亦誣乎」を現代語訳せよ。

問三　傍線部(2)「況貪天之功、以為己力乎」を現代語訳せよ。

問四　傍線部(3)「罪又甚焉」とあるが、なぜさらに罪が重くなるというのか、その理由を説明せよ。

問五　傍線部(4)「使知之、若何」とあるが、母のこの問に対し、介之推はどのような理由で、どうするべきだと考えたのか、本文の内容をふまえて説明せよ。

漢詩①　漢詩の種類と近体詩の形式

漢詩は大きく近体詩と古体詩の二種類に分けられる。近体詩は唐代に成立し、句数や字数、押韻、対句などに厳格な規則がある。一方の古体詩は、唐代以前の詩や、唐代以後でも近体詩の規則に則らない詩を指す。まずは規則性のある近体詩の諸法則を学び、詩を学ぶ基礎を築いてほしい。

1　近体詩の形式　五言・七言・絶句・律詩

まず近体詩の形式的な特徴から学んでいこう。近体詩は一句の字数と句の数で大きく六つに分類される。

一句の字数から見ていくと、五言詩と七言詩に分けられる。五言とは一句が五文字の漢字で成り立つ漢詩、七言とは一句が七文字の漢字で成り立つ漢詩である。

次に句の数から見ていくと、それぞれ絶句・律詩・排律の三つに分けられる。絶句は四句、律詩は八句、排律は十句以上の句から成り立つ漢詩である。

したがって近体詩には、五言と七言、絶句と律詩と排律を組み合わせて、五言絶句・五言律詩・五言排律、七言絶句・七言律詩・七言排律の六種類の形式（＝詩形）がある。特に五言絶句・五言律詩・七言絶句・七言律詩の四つは重要なので、それぞれの一句の字数、句の数とあわせて、しっかりと覚えておいてほしい。

李白の「静夜思」を例に、近体詩の形式を考えてみよう（詩の訓読と解釈は148頁）。

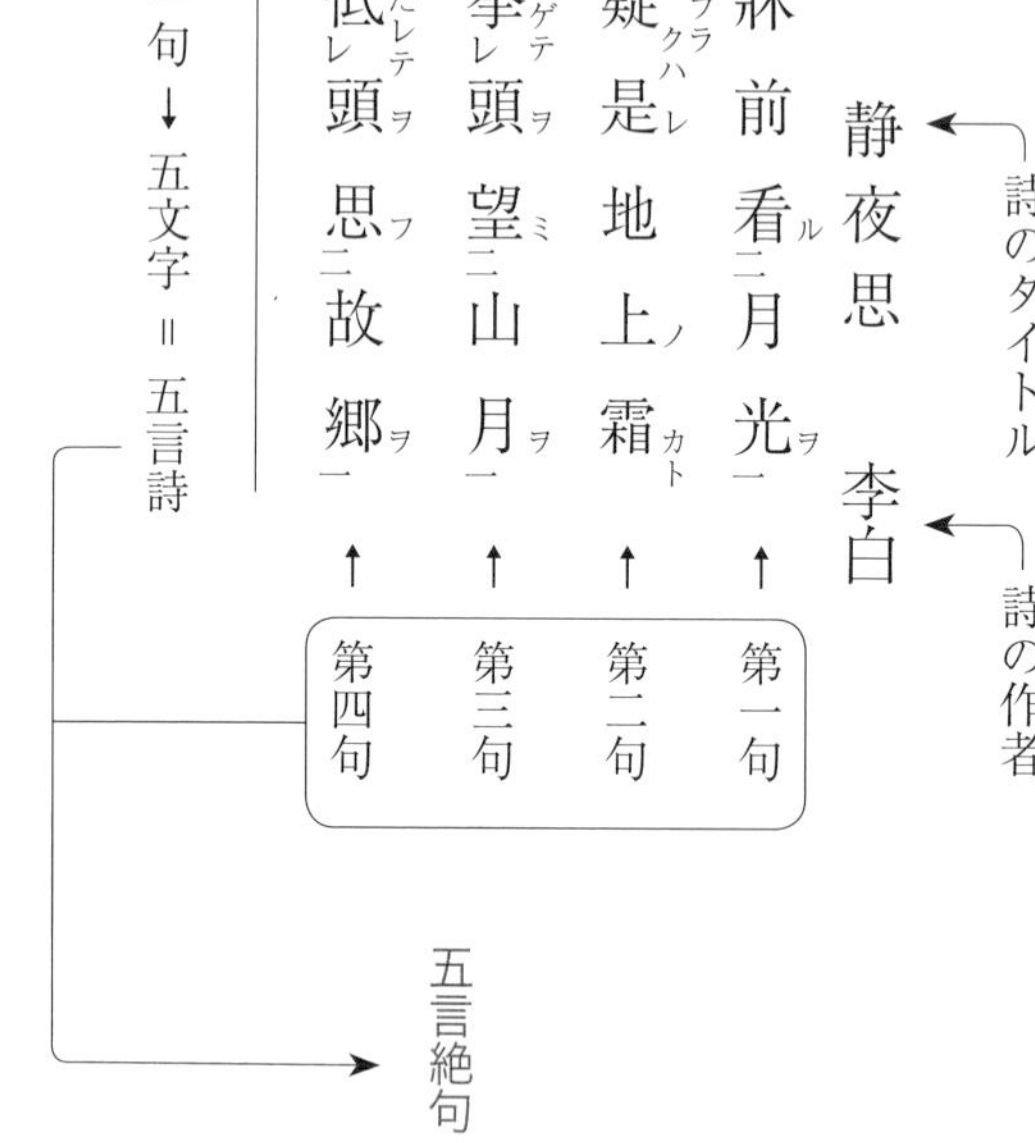

練習問題

問一　次の詩（近体詩）の形式を漢字四字で答えよ。

①　春暁　　孟浩然

春眠不覚暁
処処聞啼鳥
夜来風雨声
花落知多少

②　山亭夏日　　高駢

緑樹陰濃夏日長
楼台倒影入池塘
水精簾動微風起
満架薔薇一院香

③　春望　　杜甫

国破山河在
城春草木深
感時花濺涙
恨別鳥驚心
烽火連三月
家書抵万金
白頭掻更短
渾欲不勝簪

練習問題解答

問一　①＝五言絶句　②＝七言絶句　③＝五言律詩　〔解説〕①一句＝五文字→五言詩、一首＝四句→絶句。②一句＝七文字→七言詩、一首＝四句→絶句。③一句＝五文字→五言詩、一首＝八句→律詩。　※訓読と解釈は148頁。

漢詩②　押韻と対句

ここでは近体詩を学ぶ上で不可欠な押韻と対句を学ぶ。高校生が学ぶべき押韻と対句の規則は、決して複雑なものではないので、しっかりと学んでもらいたい。

1 押韻

近体詩の特徴の一つに押韻がある（押韻することを韻を踏むともいう）。押韻とは、漢詩の句末を同じ「韻」の漢字で揃えることであり、詩の響きを美しくする効果がある。

「韻」とは、漢字の響きのことで、一般的には漢字の発音（漢音）の最初の子音を除いた部分を指す。たとえば「山（san）」の韻は「an」、「病（hei）」の韻は「ei」になる（病＝「びょう」は呉音）。

近体詩の場合、五言詩は偶数句の末尾、七言詩は第一句と偶数句の末尾で押韻し、一首を通じて同じ韻であること（一韻到底）を原則とする。ただし七言詩の場合、例外的に第一句の韻を踏まない場合もある。（踏み落とし）

2 対句

対句とは、二つの句の字数や構造、文法・意味を対応させ、二句で一つのまとまった意味をあらわす技法である。文法・意味の上で対応するため、対句どうしで返り点が同じになりやすい。律詩は、第三句と第四句、第五句と第六句が必ず対句になる（第一句と第二句、第七句と第八句が対句になることもある）ので、解釈や訓読の参考になる。

過（ギル）二香積寺ニ一　王維

① 不レ知ラ二香積寺ヲ一
② 数里入ル二雲峰ニ一
③ 古木無人ノ径
④ 深山何（いづ）レノ処ノ鐘ゾ
（③④ 対句）
⑤ 泉声咽（むせ）ビ二危石ニ一
⑥ 日色冷タリ二青松ニ一
（⑤⑥ 対句）
⑦ 薄暮空潭ノ曲
⑧ 安禅制ス二毒龍ヲ一

○詩の形式
一句＝五文字
一首＝八句
→五言律詩

○押韻
五言詩＝偶数句
峰 hou→ou
鐘 shou→ou
松 shou→ou
龍 ryou→ou

○対句＝律詩
第三・第四句
第五・第六句

※詩の訓読と解釈は148頁。

問一　次の詩の詩形を記し、押韻をすべて抜き出せ。また対句がある場合は、第何句と第何句が対句かを記せ。

①　八月十五日夜、禁中独直、対月憶元九　　白居易

銀台金闕夕沈沈
独宿相思在翰林
三五夜中新月色
二千里外故人心
渚宮東面煙波冷
浴殿西頭鐘漏深
猶恐清光不同見
江陵卑湿足秋陰

詩形＝〔　　〕
押韻＝〔　　〕
対句＝〔　　〕

②　絶句　　杜甫

江碧鳥逾白
山青花欲然
今春看又過
何日是帰年

詩形＝〔　　〕
押韻＝〔　　〕
対句＝〔　　〕

練習問題解答

問一　①詩形＝七言律詩　押韻＝沈・林・心・深・陰　対句＝第三句と第四句、第五句と第六句　②詩形＝五言絶句　押韻＝然・年　対句＝なし　〔解説〕①詩形は、一句＝七文字→七言詩、一首＝八句→律詩。七言詩の押韻は、第一句と偶数句の末尾。沈＝chin　林＝rin　心＝shin　深＝shin　陰＝inで、韻はin。対句は第三・四句、第五・六句。送りがなを参考にするとよい。②一句＝五文字→五言詩、一首＝四句→絶句。五言詩の押韻は偶数句の末尾。対句はない。　※訓読と解釈は149頁。

漢詩③　漢詩の読解

実際に漢詩を読解するためには、押韻や対句のほかにも、詩句の構成などを知っておくと役に立つので、確認しておこう。また、古体詩の大まかな特徴もおさえてほしい。

1 絶句・律詩の構成

四句から成る絶句は、第一句を起句、第二句を承句、第三句を転句、第四句を結句とよび、「起承転結」の構成で詠まれていることが多い。

一方の律詩は、二句をまとめて一聯（れん）といい、第一・二句を第一聯（首聯（しゅれん））、第三・四句を第二聯（頷聯（がんれん））、第五・六句を第三聯（頸聯（けいれん））、第七・八句を第四聯（尾聯（びれん））とよぶ。律詩はおおむね聯ごとに起承転結を構成している。

2 各句の意味のまとまり

各句をさらに細かく見ると、一句の中に意味の切れ目がある。五言詩であれば、二字・三字、七言詩であれば、四字・三字、もしくは二字・二字・三字で意味がまとまっていることが多い。漢詩を読解する際は、このまとまりを意識すると意味を理解しやすくなる。

勧（ム）レ酒（ヲ）　于武陵（うぶりょう）

勧（ム）レ君（ニ）金屈卮（し）　←起句
満酌不レ須（もちヰ）レ辞（スルヲ）　←承句
花発（ひらケバ）多（シ）二風雨一　←転句
人生足（ル）二別離一　←結句

二字　三字

3 古体詩の特徴

古体詩は、大きく古詩と楽府（がふ）（楽曲につけられた詩）とに分けられる。一首の句数は、古詩・楽府ともに一定ではない。一句の字数もさまざまだが、古詩は四言・五言・七言が多く、それぞれ四言古詩・五言古詩・七言古詩とよばれる。楽府は字数が一定しないものが多い。

押韻や対句は古体詩にも見られるが、その規則は近体詩ほど厳格ではない。たとえば、近体詩は韻が最後まで変わらないという決まりがあるが、古体詩は途中で韻が変わる（換韻（かんいん）する）場合もある。

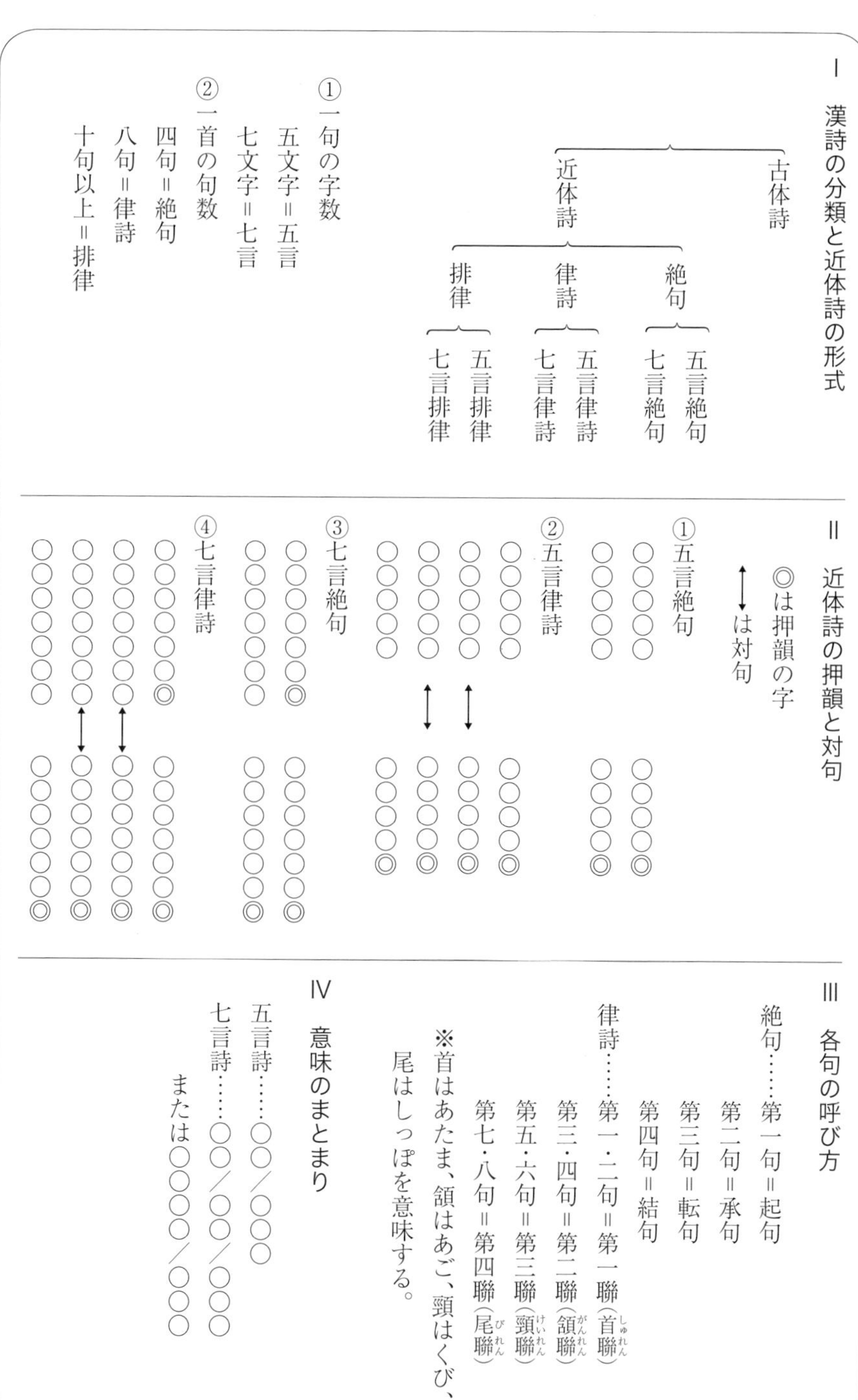
Ⅰ　漢詩の分類と近体詩の形式
古体詩
近体詩
絶句
五言絶句
七言絶句
律詩
五言律詩
七言律詩
排律
五言排律
七言排律
①一句の字数
五文字＝五言
七文字＝七言
②一首の句数
四句＝絶句
八句＝律詩
十句以上＝排律
Ⅱ　近体詩の押韻と対句
◎は押韻の字
↕は対句
①五言絶句
○○○○○　○○○○◎
○○○○○　○○○○◎
②五言律詩
○○○○○　○○○○◎
○○○○○↕○○○○◎
○○○○○↕○○○○◎
○○○○○　○○○○◎
③七言絶句
○○○○○○◎　○○○○○○◎
○○○○○○○　○○○○○○◎
④七言律詩
○○○○○○◎　○○○○○○◎
○○○○○○○↕○○○○○○◎
○○○○○○○↕○○○○○○◎
○○○○○○○　○○○○○○◎
Ⅲ　各句の呼び方
絶句……第一句＝起句
第二句＝承句
第三句＝転句
第四句＝結句
律詩……第一・二句＝第一聯（首聯（しゅれん））
第三・四句＝第二聯（頷聯（がんれん））
第五・六句＝第三聯（頸聯（けいれん））
第七・八句＝第四聯（尾聯（びれん））
※首はあたま、頷はあご、頸はくび、尾はしっぽを意味する。
Ⅳ　意味のまとまり
五言詩……○○／○○○
七言詩……○○／○○／○○○
または○○○○／○○○

漢詩①～③　書き下し文・現代語訳

○静夜思（李白）

〔書〕牀前月光を看る
疑ふらくは是れ地上の霜かと
頭を挙げて山月を望み
頭を低れて故郷を思ふ

〔現〕寝床の前に差し込む月の光を見／まるで地上の霜かと疑った／頭をあげて山上の月を仰ぎ見／頭をさげては故郷を思う

〔語釈〕○牀―寝台。ベッド。

○春暁（孟浩然）

〔書〕春眠暁を覚えず
処処啼鳥を聞く
夜来風雨の声
花落つること知る多少

〔現〕春の眠りは夜が明けたことにも気がつかない／あちらこちらで鳥の鳴き声が聞こえてくる／夕べは風雨の音が聞こえたが／花はどれほど散ったのだろうか

〔語釈〕○啼鳥―鳥の鳴き声。　○知多少―どれほどか。

○山亭の夏日（高駢）

〔書〕緑樹陰濃やかにして夏日長し
楼台影を倒しまにして池塘に入る
水精の簾動きて微風起こり
満架の薔薇一院香し

〔現〕緑の木々は陰が濃く生い茂り、夏の日は長い／高殿は影を逆さにして池に影を映している／水晶のすだれが動き、かすかに風が吹いている／棚一面の薔薇の香りが庭中に満ちている

〔語釈〕○水精―水晶。

○春望（杜甫）

〔書〕国破れて山河在り
城春にして草木深し
時に感じては花にも涙を濺ぎ
別れを恨みては鳥にも心を驚かす
烽火三月に連なり
家書万金に抵たる
白頭搔けば更に短く
渾て簪に勝へざらんと欲す

〔現〕国は破れても山や河はそのままだ／町には春がおとずれたが、（人気はなく）草木が深く茂っている／時勢の移り変わりを感じては、楽しいはずの花にも涙を流し／家族との別れを怨んでは、楽しむべき鳥のさえずりにも心を驚かされる／賊の到来を知らせるのろしは三ヶ月にもわたってつづき／遠く離れた家族からの手紙は万金にも等しくありがたく思う／白髪のふえた頭をかくと、いっそう髪が短くなり／カンザシもまったくさすことができなくなりそうだ

〔語釈〕○烽火―のろし。　○家書―家族からの便り。　○渾―まったく。　○簪―かんざし。

○香積寺に過ぎる（王維）

〔書〕香積寺を知らず
数里雲峰に入る
古木無人の径
深山何れの処の鐘ぞ
泉声危石に咽び
日色青松に冷たり
薄暮空潭の曲
安禅毒龍を制す

〔現〕香積寺への道とは知らず／数里にわた

り雲のかかった峰に分け入った／古木は人気のない小道に生い茂り／山奥深く、どこからか鐘の音が響く／(寺につくと)泉の水が石にあたってむせぶような声をたて／日の光は青々とした松にあたり冷たく輝いている／夕暮れに人気のない淵のほとりで／安らかに禅定に入って毒龍(煩悩)をおさえる

〔語釈〕○香積寺―寺の名。 ○危石―高くそびえる石。 ○空潭曲―人気のない淵のほとり。 ○禅―禅定。 ○毒龍―煩悩のこと。

○八月十五日夜、禁中に独り直し、月に対して元九を憶ふ(白居易)

〔書〕銀台金闕夕沈沈
独り宿し相ひ思ひて翰林に在り
三五夜中新月の色
二千里外故人の心
渚宮の東面は煙波冷やかに
浴殿の西頭は鐘漏深し
猶ほ清光同じく見ざるを恐る
江陵卑湿にして秋陰足る

〔現〕翰林院も宮門も夜は静かにふけてゆく／ひとり翰林院で宿直していると、あなたのことを考える／出たばかりの十五夜の月は輝き／二千里以上も遠くにいる旧友たるあなたは何をお考えだろう／あなたのいる渚宮の東側には水面に冷たいもやがたちこめ／(わたしのいる)この浴殿の西側には、夜更けを知らせる漏刻の音が聞こえる／わたしは君がこの澄んだ月の光をわたしと同じように眺め見ることができないのではないかと心配だ／君のいる江陵は土地が低く湿気が多く、秋の空は曇りがちだというのだから

〔語釈〕○銀台―翰林院。 ○金闕―宮門。 ○三五―十五夜。 ○渚宮―元稹(元九)の居場所を指す。 ○煙波―もやの立つ水面。 ○浴殿―白居易の居場所を指す。 ○江陵―元稹の居場所を指す。

○絶句(杜甫)

〔書〕江は碧にして鳥は逾白く
山は青くして花は然えんと欲す
今春看又過ぐ
何れの日か是れ帰年

〔現〕川の水は緑に輝き、飛ぶ鳥はますます白く映え／山は青々として、紅い花は今にも燃えだすかのように咲いている／今年の春もまたあっという間に過ぎ去り／いつの日にか故郷に帰れるのだろう

○酒を勧む(于武陵)

〔書〕君に勧む金屈卮
満酌辞するを須ゐず
花発けば風雨多し
人生別離足る

〔現〕君に金のさかずきを勧めよう／なみなみついだ酒を辞退してくれるな／花が開けば風雨が多いという／人生には別れがつきものだ

〔語釈〕○金屈卮―金のさかずき。 ○発―開く。

演習問題⑰

／30

Aの文章は盛唐の詩人・祖詠（そえい）の伝記であり、Bの詩は祖詠が汝墳（じょふん）の地にある別業（別荘）を詠んだ詩である。読んで後の問に答えよ（設問の都合で返り点・送りがなを省いたところがある）。

A　詠少クシテ与二王維（注1）一為リ二吟侶（注2）一。（a）維在リ二済州（注3）一、寓スルニ二官舎一、贈リ二祖三（注4）ニ詩ヲ一有リレ云フ、「結ブコトレ交ハリヲ二十載（注5）、（c）不レ得二一日モ展ブルコトヲ（注6）一。貧病ナルハ子既ニ深ク、契闊（けつかつ）ナルハ（注7）余不レ浅カラ。」蓋シ亦タ流落不偶（注8）、極メテ可レ傷ム也。後ニ移シテレ家ヲ帰リ二汝墳ノ間ノ別業ニ一、以テ二漁樵（注9）ヲ一自ラ終フ。

（a：「少与王維」に傍線、b：「為吟侶」に傍線、c：「不得一日展」に傍線）

（『唐才子伝（とうさいしでん）』による）

B　汝墳ノ別業　　祖詠

失ヒレ路ヲ農ヲ為シレ業ト　移シテレ家ヲ到ル二汝墳ニ一
独リ愁ヘテ常ニ廃シレ巻ヲ（注10）　多病久離群（X）

（注）
1　王維―盛唐の詩人。
2　吟侶―詩人仲間。
3　済州―地名。
4　祖三―祖詠。
5　二十載―二十年。
6　展―親しく付き合うこと。
7　契闊―苦労の多いこと。
8　不偶―不遇。
9　漁樵―漁師や木こり。
10　巻―書物。
11　虹蜺―虹。
12　澗―谷川。
13　樵唱―木こりの歌声。

鳥雀垂レ窓ニ柳　虹(注11)蜺出レ澗ヲ(注12) Y

山中ニ無シ二外事一　樵(注13)唱有レ時聞コユ

（『三体詩』による）

問一　傍線部a「少」・b「為」・c「不レ得」の読みを、送りがなを含めて、すべてひらがなで記せ（現代かなづかいでよい）。

a	b	c

問二　Bの詩は近体詩である。詩の形式を漢字四字で答えよ。

問三　傍線部X「多病久離群」の(i)書き下し文と(ii)解釈の組み合わせとして最も適当なものを次の中から一つ選び、番号で答えよ。

1 (i)多病にして久しく群れを離る
(ii)病気がちで長らく仲間のもとを離れている

2 (i)多病にして久しく離れて群がる
(ii)病人たちはしばらく家を離れてはまた戻ってくる

3 (i)病久しく群れを離るること多し
(ii)病気が長引いて故郷を離れることが多くなった

4 (i)病久しく離れ群るること多し
(ii)病気はもう治まり仲間とともにいることが増えた

問四　空欄Yに入る漢字として最も適当なものを次の中から一つ選び、番号で答えよ。

1 空　2 水　3 雲　4 光

（次頁につづく）

問五　祖詠は、どのような経緯で、どのような生活を送ったと考えられるか、その説明として最も適当なものを次の中から一つ選び、番号で答えよ。

1　農業を志して汝墳に家を移した祖詠は、暮らしの変化に悩みながらも、自然の中での仕事に価値を感じ、心安らかな生活を送った。

2　官僚生活に満足して汝墳に家を移した祖詠は、学問をやめ、何もすることがなくなり、作詩だけを楽しみとする生活を送った。

3　貧困に追われて汝墳に家を移した祖詠は、不安のあまり床にふせったが、山中で見つけた仕事に没頭する日々を送った。

4　世間に認められず汝墳に家を移した祖詠は、心配事や病気に苦しみ、世間から離れ、自然の中で隠者として生活を送った。

問六　祖詠や王維は、盛唐の詩人である。同じ時代に活躍した詩人として適当でない人物を次の中から一人選び、番号で答えよ。

1　陶淵明　2　孟浩然　3　李白　4　杜甫

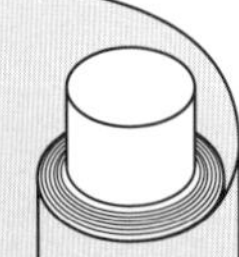

応用編

応用編では、いよいよ白文の読解をあつかう。これによって、ようやく入門編や基礎編で学習してきた返り点や句法の本当の意味が明らかになる。また本編はこれまでの学習成果を試すために、長文の問題を三つ用意している。白文の設問とも絡みあって、難度の高い問題となっているので、これまでに手に入れた学力を総動員して解答してほしい。

応用編では白文問題の解法をあつかう。これまでは訓点を頼りにすれば、日本語らしく読めたものが、白文だとさまざまな読み方ができるように見え、難しく思うかもしれない。たしかに白文は難しい。しかし漢文の基本となる構造をふまえ、重要表現や句法に注目すれば、意外と解答できるものである。以下に順を追って学習していこう。

1 漢文の基本構造

漢文は日本語と異なり、主語＋述語＋目的語（日本語の「―に・―を」にあたる言葉）などの形をとるため、上から順に漢字を読むだけでは、日本語として理解できない。そこで返り点をつかって語順をひっくり返して読むことになる。例えば「私は本を読む」は、漢文では「我読ムレ書ヲ」となる。

漢文の基本構造やその文法的な名称は学説によってさまざまあるが、本書で必要な範囲のものを、次に掲げておく。

①主語＋述語
②主語＋述語＋（置き字）＋目的語
③主語＋述語＋目的語＋（置き字）＋目的語

実際には、これに否定の漢字や副詞（述語の前に置かれる）、句末に置かれる漢字（也・哉・耶など）といった、さまざまな漢字が組み合わさる。また漢文は簡潔で美しい表現を好むため、しばしば省略や倒置が起こる。省略や倒置の施された文は、右の構造とはかけ離れた形になっていることもある。

2 返読文字

返読文字とは、ある特定の読み方をする場合に返読する漢字のことである。返読文字がある場合は、必ず返り点がつくので、白文を解釈するときは参考になる。ただし実際には倒置や省略がしばしば起こるので、機械的に返り点をつけるべきではない。次に返読文字の中、句法にかかわらないものを掲げる（句法にかかわるものは基礎編を参照）。

有	あり	―がある	
無	なシ	―がない	
多	おほシ	―が多い	
少	すくなシ	―が少ない	
難	かたシ	―するのは難しい	
易	やすシ	―するのは簡単だ	
自	より	―から（起点）	178頁
所	ところ	―のもの・こと	175頁
与	と	―と一緒に	177頁

※例えば「有」（あり）は、「有二―一」のように返り点がつく。

※「無」を「なシ」ではなく、「む」と読む場合は、返読文字にはならないため、必ずしも返読するとは限らない。

練習問題

問一　次の白文に返り点をつけよ（送りがなは不要である。また返り点が不要の場合もある）。

① 花開。

② 好学。

＊学＝学問

③ 父母有疾。

＊疾＝病気

④ 子路宿於石門。

＊子路＝人名　石門＝地名

⑤ 衛霊公問陳於孔子。

＊衛＝国名　霊公＝君主の名　陳＝戦争の仕方
孔子＝人名

練習問題解答

問一　①＝花開。（返り点なし）　②＝好レ学。　③＝父母有レ疾。　④＝子路宿二於石門一。　⑤＝衛霊公問二陳於孔子一。　〔解説〕①「花開」は主語＋述語の形で、そのまま「花（は）開く」となり、返り点は不要である。　②「好学」は、主語が省略され、述語＋目的語の形となっている。したがって目的語から返読して、「学を好む」（学問を好む）となる。漢文ではしばしば主語が省略される。　③「有」は返読文字。「有二―一」となり、「―有り」と読む。ここでは「有」の後は「疾」のみなので、「疾」から返読し、「疾有り」となる。したがってレ点で返る。　④「子路」＝A、「石門」＝Bとすると、「A宿於B」となる。これは主語＋述語＋置き字＋目的語の形であるから、「AはBに宿す（宿る）」と読む。この読みにしたがって返り点をつければよい。　⑤も④と同じ方法で考える。ただし目的語は「陳」と「孔子」の二つある。述語が「問ふ」であるから、「何かを誰かに問うた」と読むのが妥当だろう。したがって「衛の霊公は陳を孔子に問ふ」となる。

〔書き下し文・現代語訳〕①書＝花開く。　訳＝花が開いた（花が咲いた）。　②書＝学を好む。　訳＝学問を好む。　③書＝父母に疾有り。　訳＝父母は病気である。　④書＝子路石門に宿す。　訳＝子路は石門で寝泊まりした。　⑤書＝衛の霊公陳を孔子に問ふ。　訳＝衛の霊公は戦争の仕方を孔子に尋ねた。

3 送りがなのない文

送りがなのない文や白文の基本的な解法は、①漢字とその配列を見て、重要表現や句法に関係するものを見つけ、②重要表現や句法の「形」を思い出し、読みと意味を絞っていくというものである。返り点がある場合は、重要表現・句法の形が明示されているので、読み・意味を判別しやすいが、白文だと難度はぐっとあがる。

問　次の傍線部を書き下し文にせよ。「逐」は動詞で「おふ」（終止形）と読む。

(1) 吾嘗テ三タビ仕ヘ、三タビ見レ逐二於君一。

①「見」を見ればすぐに受身を考える。
②受身「見」の形を思い出す。受身は「見二—一」。「—」は未然形で結ばれる（68頁）。
③形は一致しており、受身である可能性が非常に高い。
④「逐」を未然形「おは」とし、「見」（る）につなげる。
→書き下し文＝君に逐はる

書　吾嘗て三たび仕へ、三たび君に逐はる。
訳　わたしは昔三度仕えて、三度君主に放逐された。

4 白文

問　次の傍線部の書き下し文と現代語訳を記せ。

(2) 心ハ非ズ二木石ニ一、豈無感。

①「豈」は反語、「無」は否定を考える。
②「豈—」＝「あニ—（未然形）ン（ヤ）」の形を思い出す（56頁）。
③「無」は否定の漢字。体言・連体形（＋コト・モノ）から返読する。「無」の下は「感」のみなので、「感無し」または「感ずる（こと）無し」となる。
④「感無し」を「豈に—んや」の「—」に入れる。「んや」は未然形接続。ただし「無し」が「んや」につながる場合は、慣例的に補助活用をつかい、「無からんや」（「無」の未然形＋んや）となる。

書　心は木石に非ず、豈に感（ずること）無からん（や）
訳　心は木や石ではない、どうして感動せずにいられるだろうか。

＊訓読の伝統は古く、慣用的用法が多いため、高校で学習する古文文法とは一致しない。「無からんや」などの慣用的表現は、漢文を数多く読むことで身につけてほしい。

練習問題

問二　次の空欄を埋めよ（返り点・送りがなを省いたところがある）。

① 惟(ダ)仁者(ノミ)宜(レ)在(二)高位(一)。

書　惟だ仁者のみ〔　　　　〕。

② 以(テ)(二)文章(ヲ)(一)為(二)天下所(レ)宗。　＊宗＝貴ぶ

訳　文章によって〔　　　　〕。

③ 君使人問其臣。

書〔　　　　〕。

訳〔　　　　〕。

④ 仁義道徳、非礼不成。

書　仁義道徳、〔　　　　〕。

訳　仁義道徳は、〔　　　　〕。

練習問題解答

問二　①＝宜しく高位に在るべし　②＝天下の人々に貴ばれた　③書＝君（は）人をして其の臣に問はしむ　訳＝君は人を遣ってその臣下に問わせた　④書＝礼に非ずんば成らず　訳＝礼がなければ成り立たない

〔解説〕

① 「宜」は再読文字「宜(二)―(一)＝よろしク―（ス）べシ」と「宜＝むベナリ」のどちらか。ここは返読しているので再読文字。

② 「為」は多訓・多義の漢字。ここでは「為(三)―所(二)…(一)」（―に…される）の形になっているので、受身の可能性を考える。訳は型どおり、「―に…される」でよい。

③ 「使」は使役の漢字。ここから「―ヲシテ…（セ）しム」を想起し、「君（は）人をして其の臣に問はしむ」とする。「其」は指示代名詞。「其の臣」（その臣下）。

④ 「非」「不」ともに返読する否定の漢字。読み方は三通りある。(1)「礼に非ず成らず」、(2)「礼に非ずんば成らず」、(3)「礼成らざるに非ず」。読み方だけであれば、三つともに成り立つので、意味として最も通りのよいものを選ぶ。「仁義道徳は」につづけて、(1)「礼がなく、成らない」、(3)「礼が成り立たないわけではない」では一文の意味が通らない。(2)「礼がなければ成り立たない」が正解。

〔書き下し文・現代語訳〕①訳＝ただ仁者だけが高い位にあるべきなのだ。　②書＝文章を以て天下の宗とする所となる。

第一問

次の文章を読んで後の問に答えよ（設問の都合で送りがなを省いたところがある）。

（注1）太宗威容儼粛、百僚（注2）進見者、皆失其挙措。太宗知其若此、毎見人奏事、必仮顔色、冀聞諫諍（注3）、知政教得失。貞観初、嘗謂公卿（注4）曰、「人欲 a 自照、必須明鏡。主欲知過、必藉忠臣。主若自賢、臣不匡正（注5）、欲不危敗、(1)豈可得乎。故君失其国、臣亦 b 不能独全其家。至於隋煬帝（注6）暴虐、臣下鉗口、(2)卒令不聞其過、c 遂至滅亡。虞世（注7）基等、尋亦誅死。前事不遠、公等 (3)毎看事有不利於人、必須極言規諫。」

（『貞観政要』による）

（注）
1 太宗――唐の第二代皇帝。
2 百僚――文武百官。臣下。
3 仮――寛容にする。
4 諫諍――「諫」も「諍」も君主をいさめること。
5 匡正――正す。「匡」も「正」と同じ。
6 煬帝――隋の第二代皇帝。
7 虞世基――煬帝の近臣。煬帝とともに殺された。

問一 傍線部a「自」・b「不レ能」・c「遂」の読みを、送りがなを含めて、すべてひらがなで記せ（現代かなづかいでよい）。

a	b	c

問二 傍線部(1)「豈可レ得乎」をわかりやすく現代語訳せよ。

問三 傍線部(2)「卒令レ不レ聞二其過一」を、すべてひらがなで書き下し文にせよ（現代かなづかいでよい）。

問四　傍線部(3)「毎看事有不利於人」は、「ことにひとにりあらざるあるをみるごとに」と読む。この読み方にしたがって解答欄の白文に返り点をつけよ（送りがなは不要である）。

毎看事有不利於人

問五　二重傍線部「必須₂明鏡₁」を、「須」の意味に注意して、現代語訳せよ。

問六　太宗はすぐれた政治をおこなうために何が必要だと考えているか、最も適当なものを次の中から一つ選び、番号で答えよ。

1　厳粛　2　寛容　3　諫言　4　危険　5　佞臣

第二問

次の文章は南宋の陸游（りくゆう）が、当時盛行していた詩のあり方について論じたものである。これを読んで後の問に答えよ（設問の都合で返り点・送りがなを省いたところがある）。

今人解スルトキ二（注1）杜詩ヲ一、但ダ尋ヌルノミニシテ二（注2）出処（しゅっしょ）ヲ一、不レ知ラ少陵之意、初メヨリ a不如是。且ツ如キ二（注3）岳陽楼ノ詩ノ一、

昔聞ク洞庭ノ水　今上（のぼ）ル岳陽楼
（注4）呉楚東南ニ坼（さ）ケ　（注5）乾坤日夜浮カブ
（注6）親朋無ク二一字一　(1)老病有孤 X
（注7）戎馬関山ノ北　憑（よ）リテレ軒ニ（注8）涕（てい）泗（し）流ル

此レ (2)豈可以出処求哉。縦（も）シ使ヒ字字尋ネ二（注9）得レバ出処ヲ一、去ルコト二少陵之意ヲ一益遠シ矣。蓋シ後

人元不レ知下杜詩所三以妙二絶古今一者在中何処上、(3)但以一字亦有出処為工。如二西崑(せいこん)酬倡(しうしやう)集(注10)中詩一、何曾(すなはチ)有下一字無二出処一者上。b便以為三追二配少陵一、可乎。且今人作レ詩、c亦未三嘗無二出処一。渠(かれ)自不レ知、若為二之箋注(注11)一、亦字字有二出処一、(4)但不レ妨三其為二悪詩一耳。

（陸游『老学庵筆記(らうがくあんひつき)』による）

（注）
1 杜詩――杜甫の詩。「杜」は杜甫を指す。後の「少陵」も同じ。
2 出処――文字の典拠・出典。
3 岳陽楼――岳陽楼は湖南省にある洞庭湖（洞庭水）のほとりに建てられた高殿。
4 呉楚東南坼――巨人が呉楚（東南の地）を裂いて洞庭湖を作ったという神話を指す。
5 乾坤――天地。
6 親朋――親類と友人。
7 戎馬関山北――吐蕃（異民族の国家）が長安の北方に攻め込んだことをいう。
8 涕泗――なみだ。
9 尋得――探す。
10 西崑酬倡集――北宋につくられた詩集。
11 箋注――注釈。

問一　傍線部a「不如是」・b「便」・c「亦」の読みを、送りがなを含めて、すべてひらがなで記せ（現代かなづかいでよい）。

a	
b	
c	

問二　文中に引かれている詩は近体詩である。この詩の形式を漢字四字で答えよ。

問三　傍線部(1)「老病有孤[X]」について、(i)空欄[X]に入る漢字と(ii)傍線部全体の解釈の組み合わせとして最も適当なものを、次の中から一つ選び、番号で答えよ。

1　(i)＝身　(ii)＝老いと病気があるばかりか孤独な身の上になってしまった
2　(i)＝報　(ii)＝老いと病気のある身となっては孤独だと手紙を出した
3　(i)＝書　(ii)＝病み年老いたこの身には自分の出す手紙だけが頼りだ
4　(i)＝舟　(ii)＝病み年老いたこの身にはただひとつの舟があるだけだ
5　(i)＝子　(ii)＝年老いて病んだこの身にはひとりの子どもがいるだけだ

問四　傍線部(2)「豈可以出処求哉」をすべてひらがなで書き下し文にせよ（現代かなづかいでよい）。

問五　傍線部(3)「但以一字亦有出処為工」を、わかりやすく現代語訳せよ。

問六　傍線部(4)「但不レ妨三其為二悪詩一耳」とはどういうことか、簡潔に説明せよ。

第三問

次の文章を読んで後の問に答えよ（設問の都合で返り点・送りがなを省いたところがある）。

金渓(注1)民方仲永(注2)、世隷(注3)耕。仲永生五年、未嘗識書具、a忽啼求之。
(1)父異焉、借旁近(注4)与之、即書詩四句、並自為其名。其詩(2)以養父
母収族為意。伝一郷秀才(注5)観之。b自是指物作詩立就、其文理
皆有可観者。邑人奇之、稍稍賓客其父、或以銭幣(注6)乞之。(3)父利其
然也、日扳(注7)仲永環謁於邑人、不使学。予聞之也久。
明道(注8)中、従先人(注9)還家、c於舅家見之、十二三矣。(4)令作詩、不能
称前時之聞。又七年、還自揚州(注10)、復到舅家、問焉。曰、「泯(注11)然衆人矣。」

王子[注12]曰、仲永之通悟、受之天也。其受之天也、賢於人材[注13]遠矣。卒之為衆人、則其受於人者不至也。彼其受之天也、如此其賢也。不受之人、且為衆人。今夫不受之天、固衆。又不受之人、得為衆人而已邪。

（王安石『臨川先生文集』による）

（注）
1 金渓――地名。
2 方仲永――人名。
3 隷耕――人に使われて農耕をおこなう。
4 旁近――近隣。
5 秀才――ここでは知識人の意。
6 銭幣――銭や絹。
7 扳――引く。
8 明道――北宋の年号。
9 先人――いまは亡き父親。
10 揚州――地名。
11 泯然――才能のなくなった。

12 王子――筆者・王安石の自称。
13 人材――才人。

問一 傍線部a「忽」・b「自レ是」・c「於」の読みを、送りがなを含めて、すべてひらがなで記せ（現代かなづかいでよい）。

a	b	c

問二 傍線部(1)「父異レ焉」とあるが、なぜ父は「異」としたのか、簡潔に説明せよ。

問三 傍線部(2)「以養父母収族為意」は「ふぼをやしなひぞくををさむるをもつていとなす」と読む。この読み方に従って、解答欄の白文に返り点をつけよ（送りがなは不要である）。

以 養 父 母 収 族 為 意

問四　傍線部(3)「父利二其然一也」とはどういうことか、わかりやすく説明せよ。

問五　傍線部(4)「令作詩、不能称前時之聞」を現代語訳せよ。

問六　傍線部(5)「賢二於人材一遠矣」を現代語訳せよ。

問七　二重傍線部「王子」の主張を簡潔に説明せよ。

応用編

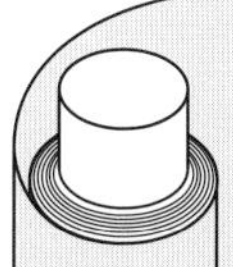
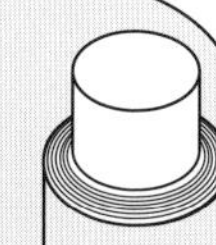

語彙編

語彙編には漢文を読むために必要な言葉を集めている。句法は漢文読解にとって重要であり、また試験で問われやすい。しかし句法を学習しただけでは、漢文を読むことはできない。句法には関わりなくとも、漢文を読むために必要な言葉があるからである。語彙編にはそのような言葉を集めている。本書を学習するときは、基礎編と並行して語彙編の言葉を習得してほしい。

(1) 人称代名詞

代表的な人称代名詞をあげる。一般的に用いられるものもあれば、特定の身分や地位にある人だけにつかわれるものもある。一人称と二人称はおもに会話文でつかわれる。

① 一人称(わたし)

□**我**　われ

□**吾**　われ

□**余**　われ・よ

□**予**　われ・よ

□**某**　それがし

□**寡人**　くわじん（カ）　諸侯の謙称。

□**朕**　ちん　皇帝の自称。

□**臣**　しん　臣下の自称。

□**妾**　せふ（ショウ）　女性の自称。

② 二人称(あなた)

□**汝**　なんぢ

□**女**　なんぢ

□**爾**　なんぢ

□**若**　なんぢ

□**而**　なんぢ

□**乃**　なんぢ

□**君**　きみ　君主・父・夫に対するもの。

□**公**　こう　統治者に対するもの。

□**卿**　けい　同僚に対するもの。

□**子**　し　敬意を込めた呼び方。

(2) 指示代名詞

指示代名詞は「この・その・それ」と読まれる漢字が多い。次に代表的な漢字とその読みを集めたが、実際の漢文では主語（主題）や目的語、修飾語として様々な用いられ方をし、送りがなもそれにともなって変化する。

□**之**　コノ・コレ

□**此**　コノ・コレ・ココ

□是　コノ・コレ・ココ
□茲　コノ・コレ・ココ
□焉　コレ・ココ
□斯　コノ・コレ・ココ
□諸　コレ
□其　ソノ・ソレ

(3) 句頭の言葉(さて・そもそも)

文頭・句頭に置かれ、話題を起こしたり、これまでの内容を総括したりするときにつかわれる漢字。「さて・そもそも」などの訳語をあてることが多い。

□夫レ　そレ
□其レ　そレ
□蓋シ　けだシ　＊「思うに──」の意もある。
□凡ソ　およソ
□抑　そもそも

(4) 文末の言葉

文末・句末に置かれ、①断定・強意や②疑問・反語・詠嘆といった意味をあらわす。文章を構成する基本的な漢字である。読みが直前の漢字に吸収され、置き字として扱われることも多い。

□也　なり　断定・強意。
　　や・か・かな　疑問・反語・詠嘆。
□矣
□焉　断定・強意。置き字の一種。
□乎
□耶
□邪
□夫
□与　や・か　疑問・反語・詠嘆。
□耳
□已
□爾　のみ　限定・断定・強意。

(5) 会話・引用の表現

会話や引用をあらわすときにつかわれる漢字。

□曰ハク—ト　いハク—（ト）

□謂フ　いフ

□言フ　いフ

□云フ　いフ

□道フ　いフ

＊「曰」は、返読しないときは「いハク—（ト）」、返読するときは「—（ト）いフ」と読む。

＊文末の「云」は「—である」の意。「云爾」（しかいフのみ）の形でもしばしばつかわれる。

＊いずれも「—という」の意であるから、返読しない場合は、「いハク・いフ—ト」のように、「ト」が文末に置かれる。

□A謂ヒテレBニ曰ハク、「——ト。」

書　AはBに謂ひて曰はく、「—」と。

訳　AはBに「—」といった。

□A対ヘテレBニ曰ハク、「——ト。」

書　AはBに対へて曰はく、「—」と。

訳　AはBに「—」とお答えした。

＊「A謂レB曰」「A対レB曰」ともに慣用表現。「対」は目上の人にお答えするの意。

(6) 接続に関わる表現

ひろく語と語、句と句、文と文をつなぐ漢字を集めた。

① 「すなはチ」と読む漢字

□則チ　①—は則ち…　＝—は…・—こそは…
②—れば則ち…　＝もし—であれば…（仮定条件）

□而チ　—であれば…（「則」とほぼ同じ）

□即チ　すぐに・つまり（時間・空間・概念が密接につながっていることをあらわす）

□便チ　すぐに・つまり（「即」と同じだが、やや軽い）

□輒チ　①—するたびに…　②すぐに…

□乃チ　まさに・そこで・なんと・わずかに・やっと

＊「乃」はさまざまな意味をあらわす。漢文に読み慣れるまでは、意味まで深く考える必要はない。

② 「つひニ」と読む漢字

□ 遂ニ　①こうして・そのまま　②とうとう・結局

□ 終ニ
□ 卒ニ
□ 竟ニ
（終ニ・卒ニ・竟ニ）　とうとう・結局

＊「終」「卒」「竟」は日本語の「ついに」とほぼ同じ意味。「遂」①が間違いやすいので注意すること。

③ 「また」と読む漢字

□ 又　さらに・その上（累加）

□ 復タ　ふたたび・重ねて

□ 亦タ　①―もまた　②語気を強める表現。

□ 也タ　―もまた（亦と同義）

※「また」と読む漢字は、実際にはさまざまな意味でつかわれる。

④ 順接・逆接　付・関連語

□ 以テ　もつテ　そして

□ 而シテ　しかうシテ・しかシテ　そして

□ 而モ　しかモ・しかルニ　しかし

□ 然レドモ　しかレドモ　しかし

□ 然リ而シテ　しかリしかうシテ　①そうであるので　②そうではあるが

□ 然レバ則チ　しかレバすなはチ　①もしそうなら　②そうであるが

□ 然ル後ニ　しかルのちニ　その後・そこではじめて

□ 於イテレ是ニ　ここニおいテ　そこで

□ 以テレ是ヲ　これヲもつテ　それによって（理由）

□ 是ヲ以テ　ここヲもつテ　こういうわけで

□ 雖モ二―ト一　―（ト）いへどモ　①―であるが　②（たとえ）―でも

□ 雖モレ然リト　しかリトいへどモ　そうであっても

＊「雖」は逆接をあらわし、確定条件（―であるが）と仮定条件（たとえ―でも）の両者の意味がある。どちらの場合でも必ず返読するので、返り点を参考に、条件節の範囲を見つけよう。

⑤ 並列

□ ―与(ト)二…一　―ト…と　―と…(と一緒に)
□ ―及(ビ)…　―およビ…　―と…(と一緒に)
□ ―並(ニ)…　―ならびニ…　―と…

＊「与」は返読する(多訓多義語を参照)。「及」「並」は伝統的に返読しない。

⑥ 理由・手段・目的

□ 故(ニ)　ゆゑニ　だから
□ 因(リテ)　よリテ　そこで
□ 以(テ)二―(ヲ)一　―(ヲ)もつテ　―で(原因・理由・手段)
□ 将(テ)二―(ヲ)一　―(ヲ)もつテ　―で(原因・理由・手段)
□ 為(ニ)二―(ノ)一　―(ノ)ためニ　―のために・―に対して

(7) 「以」・「者」・「所」

「以」と「者」「所」は漢文に頻出し、しかも特異な意味をもつ漢字である。どの形がどの意味になるのかをよく覚えておこう。

■ 以

□ ① ～以(テ)…　～もつテ…　～し、(そして)…
□ ② 以(テ)二―(ヲ)一…(ス)　―ヲもつテ…ス　―で…する
□ ③ ～以(テ)…(ス)　～もつテ…ス　～は(―で)…する
□ ④ …(スルニ)以(テス)二―(ヲ)一　…スルニ―ヲもつテス　―で…する
□ ⑤ 以(テ)二―(ヲ)一為(ス)二…(ト)一　―ヲもつテ…トなス　―を…とする・と考える

＊①の返読しない「以」は、上下をつなぐ接続詞的な用法をもっており、この場合は強いて訳す必要はない。
＊②の返読する「以」は、一種の前置詞的な意味(理由・原因・手段など)をもっており、「―で・から・ので・によって」などと訳す。
＊③は、①と同じ形で、②の「―」が省略されたものである。訳は「―から・ので・によって」などと補った方がよい。見かけ上は①と区別できない。
＊④は、②を倒置したもの。訳は②と同じ。
＊⑤は、慣用的な表現。漢文の文構造を考えるとき、しばしばヒントになる。

□ 以(テ)レ管(ヲ)窺(フ)レ天(ヲ)　〔書〕管(くだ)を以て天を窺(うかが)ふ
□ 窺(フニ)レ天(ヲ)以(テス)レ管(ヲ)　〔書〕天を窺ふに管を以てす
〔訳〕管で天をのぞく

語彙編

■者

□①—者　—(スル)もの・—(ナル)もの

□②—者ハ…　—は…　—は…

＊①「—する者・—なる者」という表現は、漢文でしばしばつかわれる。日本語では「者」は「ひと」を意味するが、漢文では必ずしも「ひと」とは限らず、「ひと・もの・こと・とき」などを広く意味する。そのため同じ「—する者・—なる者」という読みで、「—するひと・—すること・—というもの」など、さまざまな解釈があり得る。

＊②日本語の「私は山田太郎です」の「は」に類似した用法で、「者」を「は」と読む場合がある。ただし「—は」の用法であっても、「—なる者」と読むこともある。

■所

□①所二—スル一　—スルところ　—するもの・こと

□②為ル三—ノ所ト二…スル一　—ノ…スルところトなル　—に…される

□③所ル二—セ一　—(セ)らル　—される

＊①返読する「所」は、「—」(動詞)を名詞化する。主語(—する所は＝—するもの・ことは)・目的語(—する所を＝—するもの・ことを)・修飾語(—する所の＝—するもの・ことの)のほかに、述語(—する所なり・—するものである)など様々なつかわれかたをする。

＊②③のように受身をあらわすこともあり、その場合は、②のように「—の…する所と為る」の一部となったり、または単独で「る・らル」と読んだりする(68頁)。

(8) 熟字訓・慣用表現

熟字訓とは、二字以上の熟語をまとめて読むもの。代表的な熟字訓のほか、慣用的に読み方の決まっている言葉を集めた。

□所謂　いはゆる　世の中でいわれる

□所以　ゆゑん　原因・理由・手段

□以為ヘラク——ト　おもヘラク(—ト)　—と思う・—と考える

＊「以て—と為す」と読むこともある。意味は同じ。

□須臾ニシテ　しゆゆ(シュユ)ニシテ　わずかの時間に

□為レ人リト　ひとトなリ　人柄・性格

□就中　なかんづく　とりわけ

□何者トナレバ　なんトナレバ　なぜかというと

□不者ンバ　しからずンバ　さもなければ

□已而ニシテ　すでニシテ　ほどなく

(9) 多訓・多義語

＊しばしば試験で問われる多訓・多義語を集めた。いずれも重要な漢字だが、間違いやすいものは赤字にしている。

① 頻出語A

■見

□見ル　みル　見る

□見ユ　まみユ　おめみえする

□見ル　あらはル　現れる

□見二―一（未）　―る　―される

□見ル二―一（未）　―らル　―される

＊「まみユ」は目上の人に対する言葉。
【判別】受身は必ず返読する（62頁）。

■若・如

□若ク　しク　およぶ

□不レ若カ二―一ニ　―ニしカず　―に及ばない

□若シ―バ　もシ―バ　もし―ならば

□若シ二―一ノ・ガ　―（ノ・ガ）ごとシ　―のようである

□若　なんぢ　あなた

□如ク　ゆク　行く

□如ク　しク　およぶ

□不レ如カ二―一ニ　―ニしカず　―に及ばない

□如シ―バ　もシ―バ　もし―ならば

□如シ二―一ノ・ガ　―（ノ・ガ）ごとシ　―のようである

＊若は「なんぢ」、如は「ゆク」のみ独自の用法で、他は若・如とも同じ読み・意味。【判別】「しク」は否定語をともなうことが多く、返読する。「もシ」はしばしば句頭に置かれ、返読しない。「ごとシ」は必ず返読する。

■将

□将ヰル　ひきヰル　率いる

□将ヰテ二―一ヲ　―ヲもちヰテ　―によって

□将テ二―一ヲ　―ヲもつテ　―によって

□将タ　はタ　あるいは

□将ニ二―一ント　まさニ―ントす　今にも―しようとする

□将　しやう　将軍

＊「将」は再読文字が重要であるが、それ以外にも軍を率いる（ひきヰル）、軍の将軍・指揮官といった意味がある。また「以」と同様、「―によって」という意味の場合もある。中国語では音が異なるが、日本語だと同音になるので、文意や返読の有無に注意してほしい。

■卒

□卒ス　しゅつス　死ぬ

□卒フ　をフ　終える

□卒ハル　をハル　終わる

□卒ニ　つひニ　とうとう・結局

□卒カニ　にはカニ　突然

□卒　そつ　兵隊

＊「卒」は大きく動詞・副詞・名詞がある。「つひニ」が特に重要で、同訓の「終・竟」とともに頻出である。

■与

□与フ　あたフ　あたえる

□与ル　あづかル　関与する

□与ス　くみス　味方をする

□—与ト—二…一　—ト…と　—と…と

□—与ハ—二…一　—ハ…と　—は…と

□与ニ　ともニ　—と一緒に

□与リ—二—一　—より　—よりは

□与ニ—二—一ノ・ガ　—(ノ・ガ)ためニ　—のために・—に対して・—なので

□—与　—か・や・かな　—かなあ

＊最重要漢字の一つ。【判別】「と・より・ためニ」は返読する。「より」は、「与其—」の形になることが多い。「か・や・かな」は返読せず、疑問・反語・詠嘆を意味し、句末に置かれる。

■為

□為ス　なス　する

□為ル　なル　なる

□為ル　つくル　つくる

□為ム　をさム　治める

□為ニ—二—一ノ・ガ　—(ノ・ガ)ためニ　—のために・—に対して・—なので

□為リ—二—一　—たり　—である

□為—二—一未　—る　—される

□為ル—二—一未　—らル　—される

＊「たり」は「—である」という判断を示し、「—」(体言)から直接返読する。受身「る・らル」は返読する。

② 頻出語B

□已ニ　すでニ　すでに

□—已　—のみ　—だけだ

□已ム　やム　止める・終わる

□易フ　かフ　変える(音はエキ)

□易シ　やすシ　平易な(音はイ)

□易　えき　易経（書物。音はエキ）

□過ツ　あやまツ　まちがえる

□過グ　すグ　①やりすぎる　②通り過ぎる

□過ル　よぎル　立ち寄る

□逆フ　さからフ　さからう

□逆フ　むかフ　向かう

□造ル　つくル　つくる

□造ル　いたル　到達する

□之ク　ゆク　行く

□之ニ　これニ・ここニ　これに

□之ク　かク　これ

□之　の　〜の。所有格。

□自ラ　おのづからラ　自然と

□自ラ　みづかラ　自分で

□自リ　—より　—から

＊「より」は「自」のほかに「従・由」もつかわれる。

□爾リ　しかリ　そうである

□爾シ　ちかシ　近い

□爾　なんぢ　あなた

□—爾　—のみ　—だけだ・—だ

□須ム　もとム　要求する

□須ヰル　もちヰル　必要とする

□須ツ　まツ　待つ

□須ラク—スベシ　すべかラク—スベシ　—すべきである（再読文字）

□負フ　おフ　載せる・背負う

□負ク　そむク　うらぎる

□負ム　たのム　頼る

□負ケル　まク　まける

□封ズ　ふうズ　封じる・封をする

□封ズ　ほうズ　領地・地位を与える

□毎ニ　つねニ　いつも

□毎ニ—スル　—スルごとニ　—するたびにいつも

□悪ム　にくム　憎む・憎悪する

□悪シ　あシ　わるい

□悪クンゾ　いづクンゾ　どうして—か

□悪クニカ　いづクニカ　どこに—か

語彙編

⑽ 読み漢字

＊漢文を読むときに読みが重要となる漢字を集めた。読みを覚えれば意味もわかる漢字は多い。まずは漢字を読めるようになろう。

□ 勝ゲテ　あゲテ　のこらず・すべて
□ 勝フ　たフ　たえる
□ 相ヒ　あヒ　たがいに
□ 敢ヘテ　あヘテ　進んで（―する）
□ 肯ヘテ　あヘテ　進んで（―する）
□ 普ク　あまねク　すべて
□ 遍ク　あまねク　すべて
□ 予メ　あらかじメ　前もって
□ 些カ　いささカ　わずかに
□ 聊カ　いささカ　わずかに
□ 至ツテ　いたツテ　極めて・この上なく

□ 徒ラニ　いたづラニ　むだに・むなしく
□ 今者　いま　いま
□ 愈　いよいよ　ますます
□ 転タ　うたタ　ますます
□ 概ネ　おほむネ　おおかた
□ 率ネ　おほむネ　おおかた・すべて
□ 徐ニ　おもむろニ　やがて
□ 凡ソ　およソ　みな・一般的に
□ 且ツ　かツ　そのうえ・また
□ 且ク　しばらク　ひとまず・少し
□ 嘗テ　かつテ　むかし
□ 曾テ　かつテ　むかし
□ 反テ　かへつテ　反対に
□ 却テ　かへつテ　反対に・また
□ 蓋シ　けだシ　思うに

□ 尽ク　ことごとク　すべて
□ 悉ク　ことごとク　すべて
□ 殊ニ　ことニ　とりわけ
□ 交　こもごも　たがいに
□ 向ニ　さきニ　前に
□ 向者ニ　さきニ　前に
□ 定テ　さだめテ　きっと
□ 更ニ　さらニ　より一層
□ 頻ニ　しきりニ　何度も
□ 連ニ　しきりニ　何度も
□ 数　しばしば　たびたび
□ 屢　しばしば　たびたび
□ 姑ク　しばらク　ひとまず
□ 暫ク　しばらク　にわかに
□ 頗ル　すこぶル　やや・かなり

□已ニ　すでニ　もはや
□既ニ　すでニ　もはや
□坐ロニ　そぞロニ　わけもなく
□直チニ　ただチニ　すぐに
□立チドコロニ　たチドコロニ　すぐに
□忽チ　たちまチ　急に
□会　たまたま　ちょうど
□適　たまたま　思いがけずに
□偶　たまたま　思いがけずに
□審ラカニ　つまびラカニ　詳しく
□恒ニ　つねニ　いつも
□毎ニ　つねニ　いつも
□具ニ　つぶさニ　詳しく
□手ヅカラ　てヅカラ　自分で・自分の手で
□倶ニ　ともニ　一緒に

□同ニ　ともニ　一緒に
□与ニ　ともニ　一緒に
□尚ホ　なホ　まだ・なおかつ
□猶ホ　なホ　まだなお
□仍ホ　なホ　まだなお
□俄カニ　にはカニ　急に
□暴カニ　にはカニ　急に
□遽カニ　にはカニ　急に
□方メテ　はじメテ　そこではじめて
□方ニ　まさニ　ちょうどその時
□将タ　はタ　それとも
□果タシテ　はタシテ　案の定
□甚ダ　はなはダ　非常に
□太ダ　はなはダ　非常に
□陰カニ　ひそカニ　こっそりと

□私カニ　ひそカニ　こっそりと
□窃カニ　ひそカニ　こっそりと
□偏ニ　ひとへニ　ひたすら
□両ツナガラ　ふたツナガラ　ふたつとも
□恣ニ　ほしいままニ　好き勝手に
□肆ニ　ほしいままニ　好き勝手に
□擅ニ　ほしいままニ　好き勝手に
□殆ド　ほとんド　おそらく
□幾ド　ほとんド　もう少しで
□略　ほぼ　おおよそ
□良ニ　まことニ　本当に
□良　やや　かなり
□益　ますます　いっそう
□看　みすみす　みるみるうちに
□妄ニ　みだりニ　むやみに

語彙編

□親ラ　みづからラ　自分で
□咸　みな　すべて
□昔者　むかし　むかし・以前
□空シク　むなシク　むだに
□尤モ　もつとモ　とりわけ
□最モ　もつとモ　もっとも
□故ヨリ　もとヨリ　もともと・本来
□固ヨリ　もとヨリ　もともと・本来
□素ヨリ　もとヨリ　もともと・平素から
□漸ク　やうやク　徐々に
□稍　やや　少し
□動モスレバ　ややモスレバ　ともすれば
□行　ゆくゆく　～になる・道すがら
□善ク　よク　うまく
□微カニ　わづカニ　わずかに

---

(11) 意味漢字

① 動詞・形容詞

□遊ブ　あそブ　出かける
□方タル　あタル　あたる
□当タル　あタル　的中する
□中ツ　あツ　的中する
□発ク　あばク　あばく
□値フ　あフ　当面する・一致する
□革ム　あらたム　改める
□更ム　あらたム　改める
□諌ム　いさム　過ちを指摘する
□造ル　いたル　到達する
□異トス　いトス　不思議に思う
優れていると思う
□伐ツ　うツ　攻める
□トフ　うらなフ　占う

□懼ル　おそル　おそれる
□借ス　かス　貸す
借ル　かル　借りる
□適フ　かなフ　合う・一致する
適ク　ゆク　行く
□窮ム　きはム　極める
□哭ス　こくス　大声で泣く
□対フ　こたフ　お答えする
□坐ス　ざス　座る
□暴ス　さらス　さらす
□弑ス　しいス　親・主君を殺す
□辞ス　じス　断る・別れをいう
□忍ブ　しのブ　①堪える　②残酷である
□称ス　しやうス　褒める
称フ　かなフ　適合する

- □ 誹ル　そしル　不当に非難する
- □ 謗ル　そしル　不当に非難する
- □ 具フ　そなフ　備わる
- □ 諾ス　だくス　承諾する
- □ 質ス　ただス　問うて確かめる
- □ 誅ス　ちうス　殺す・処罰する
- □ 事フ　つかフ　お仕えする
- □ 即ク　つク　地位につく
- □ 尤ム　とがム　とがめる
- □ 嘗ム　なム　なめる
- □ 習フ　ならフ　①ならう　②まねる
- □ 疾ム　にくム　うらむ
- □ 疾シ　はやシ　はやい
- □ 擢デル　ぬきんデル　抜擢する
- □ 度ル　はかル　（量・大きさを）測る

- □ 走ル　はしル　逃げる・行く
- □ 諂フ　へつらフ　こびる
- □ 俟ツ　まツ　待つ
- □ 白ス　まうス　申し上げる
- □ 干ム　もとム　求める
- □ 干ス　をかス　犯す
- □ 罷ム　やム　やめる・罷免する
- □ 依ル　よル　依拠する
- □ 説ブ　よろこブ　よろこぶ
- □ 欣ブ　よろこブ　よろこぶ
- □ 戮ス　りくス　殺す
- □ 類ス　るいス　似ている・類似する
- □ 私ス　わたくしス　自分のものにする
- □ 畢ハル　をハル　おわる
- □ 処ル　をル　いる

- □ 周シ　あまねシ　ゆきわたる
- □ 庶シ　ちかシ　近い・ほとんど
- □ 幾シ　ちかシ　近い・ほとんど
- □ 利シ　とシ　鋭利である
- □ 宜ナリ　むベナリ　もっともである
- □ 少シ　わかシ　若い

② 名詞

- □ 聖人　最もすぐれた人物。天子。
- □ 君子　優れた人物。（対・小人）
- □ 小人　つまらぬ人間。（対・君子）
- □ 不肖（ふせう）　つまらぬ人間。（対・君子）
- □ 匹夫（ひつぷ）　庶民・凡人。
- □ 夫子（ふうし）　①先生。　②孔子。
- □ 百姓（ひやくせい）　世の人々・庶民。

□禽獣（きんじゅう）　動物。

□姓（せい）　家系の標識。
□名（な）　本名。
□字（あざな）　名にちなんでつけられる呼び名。
□号（がう）　名・字以外の呼び名。通称。

□天子　皇帝・王。
□君（きみ）　君主。父親。
□上（しやう）　君主。
□主（しゆ）　君主・あるじ。
□社稷（しやしよく）　国家・王朝。
□臣　臣下。
□左右（さいう）　君主の近臣。
□吏（り）　下級役人。
□政（まつりごと）　政治。

□獄　裁判。
□相（しやう）　宰相。
□卿（けい）　①大臣。②宰相等の高官。
□大夫（たいふ）　①執政官。②高官。
□士（し）　①貴族。②立派な男子。
□器　才能・度量・器量。
□中　中正・公正。
□党　党派。（悪い意味でつかう）
□刻　残酷・酷薄。
□城　まち・都城。

□道（みち）　①道義・真理・道理。②手段。
□理（り）　道理・条理・正しさ。
□鬼（き）　鬼神・霊妙な存在・幽霊。
□神（しん）　①霊妙。②鬼神。

□奇（き）　①珍しい。②優れている。
□人間（じんかん）　世間・この世。
□楽（がく）　音楽。
□楽（らく）　楽しい。
□祥（しやう）　①幸福。②前兆。
□不祥（ふしやう）　①不幸。②悪い前兆。

□故人（こじん）　古くからの友人。
□師　①軍隊。②先生。
□色　①色彩。②光景。③美貌。④顔色・怒りの顔色。
□朝（あした）　一日・あさ。

●編集スタッフ●

執筆　土生昌彦
　　　横山健一
　　　佐々木千晶
　　　品川高志（古文部分）

協力　稲葉　結（古文部分）

基礎からわかる漢文（改訂版）

編　　者　代々木ゼミナール国語編集部
発 行 者　高　宮　英　郎
発 行 所　株式会社日本入試センター
　　　　　代々木ライブラリー
　　　　　〒151-0053　東京都渋谷区代々木 1-27-1
D T P　アールジービー株式会社
印刷・制本　三松堂印刷株式会社　Ⓟ1

●この書籍の編集内容及び落丁・乱丁についてのお問い合わせは下記までお願い致します。
〒151-0053　東京都新宿区代々木 1-38-9
☎ 03-3370-7409（平日 9:00 ～ 17:00）
代々木ライブラリー営業部

　ISBN 978-4-86346-810-8　　Printed in Japan

基礎からわかる漢文

改訂版

解答・解説

代々木ゼミナール編

代々木ライブラリー

解答・解説　目次

基礎編

演習問題

応用編

演習問題①（30点）

＊解答の（ ）は別解、［ ］は補足。
＊解説の（ ）の得点は部分点。

解答

問一　a＝いわ（は）く　　b＝これを　　c＝もっ（つ）て　（6点・各2）

問二　(ア)＝2　　(イ)＝1　（4点・各2）

問三　有下遺二燕相国書一者上　（4点）

問四　(i)＝しょ（よ）くをあげよとは、しょ（よ）のいにあらざるなり
(ii)＝「ろうそくをあげよ」と書いたのは、本来書きたかったことではない　（8点・各4）

問五　優れた人間を見つけ出してその人に政治を任せるということである。　（6点）

問六　3　（2点）

解説

問一　a「曰」は会話文で頻出する言葉。「言・謂・云」とセットで覚えておこう（172頁）。b「之」は多訓多義語だが、まず指示代名詞「これ」を覚えよう。特に動詞＋「之」の場合は、「これ（ヲ・ニ）」と読むことが多い。c「以」は返読するかしないかに関わらず「もつテ」と読む。漢文に頻出するので必ず読めるようにしておこう。応用として「もつテス」という動詞的な読みもある（174頁）。

問二　漢文は多義語が多い。設問を解くためだけでなく、本文の読解でも、多義語の判別は重要である。多義語の習得は、多くの漢文を読む中で、意味の広がりを覚えていくことが正攻法であるが、熟語から意味を類推することも有意義である。「過」であれば、「あやまち」（過失）、「やりすぎる」（過熱）、「とおりすぎる」（通過）などから、「過」の意味の広がりを理解するというものである。今後の参考にしてほしい。

問三　訓読の基礎。絶対に正解してほしい。「燕の相国に書を遺る」で一二点をつかうので、それを挟む「者有り」には上下点をつかう。

問四　(i)の「非」は先ほど学習したとおり、否定「あらズ」。ここでは「也」につながっているので、「あらザル」（連体形）となっている（2点）。「也」は「なり」（2点）。文末に置かれ、断定などの意味をあらわす。「也」は置き字として読まなくともよいが、ここでは先に述べた通り、「非」が「あらザル」と連体形になっているので、読む必要がある（「也」を置き字とする場合は、「あらズ」と終止形で結ぶ）。

(ii)は(i)をもとに現代語訳する。「『ろうそくをあげよ』と書いたのは」（1点）、間違って書いた言葉。それは「書の意」＝「本当に書きたかったこと」（2点）、では「非」＝「ない」（1点）。

問五　まず「而」に注目する。送りがながないので、ここでは置き字として読まない（傍線部は「賢を挙げて」とあるので、順接と考えてよい）。つぎに「賢」と「任」の語感をおさえる。「賢」は、漢文ではしばしば賢者・優れた人という意味でつかわれる。「賢を

挙ぐ」は、優れた人を見つけ出すということ（3点）。また「任」は政治を任せること。「之」は指示代名詞。ここでは「賢」を指す。したがって「優れた人間に政治を任せること」を意味する。（3点）古典世界では、君主が賢者を見つけ出して政治を任せるのは、最も優れた政治手法と考えられている。ここでもそれを意味している。

問六　本文は郢書燕説（もっともらしい理屈をこじつけて説明すること）の語源となった。1「南船北馬」は各地をせわしなく旅すること。2「呉越同舟」は利害の一致により敵同士が協力すること。4「四面楚歌」はまわりがすべて敵であることを意味する。

《書き下し文》

郢人に燕の相国に書を遺る者有り。夜書し、火明らかならず。因りて燭を持つ者に謂ひて曰はく、「燭を挙げよ」と。而して過ちて燭を挙げよと書す。燭を挙げよとは、書の意に非ざるなり。燕の相書を受けて之を説びて曰はく、「燭を挙げよとは、明を尚ぶなり。明を尚ぶとは、賢を挙げて之に任ずるなり」と。燕の相王に白す。王大いに説び、国以て治まる。治まるは則ち治まれり。書の意に非ざるなり。今の世の学ぶ者多く此の類に似たり。

【現代語訳】

郢（楚の国）の人に燕の国の宰相に書を送ったものがいた。（郢の国の人は）夜に（国書を）書いたため、明かりが十分でなかった。そこで（自分の側で）ろうそくを持っていたものに、「ろうそくをあげよ」といった。そして間違って「ろうそくをあげよ」と（国書に）書いてしまった。「ろうそくをあげよ」というのは、（国書に）書きたかった内容ではない。さて、燕の宰相は（楚の国の人からの）国書を受け取り、喜んでいった、「『ろうそくをあげよ』とは、『明を貴ぶ』ことである。『明を貴ぶ』とは、優れた人間を見つけ出して、その人に政治を任せるということである」と。燕の宰相は王に（このことを）申し上げた。（燕の）王はおおいに喜び、（その方法をもちいて）国は治まった。（国が）治まったことは治まった。しかし（それは郢の人が）書きたかったことではない。いまの世の学問をする人々は、この種のものが多い。

戦国時代の国

戦国時代の逸話はよく取り上げられる。この時代にはさまざまな国が登場するので、主要なものは覚えておいた方がよい。

戦国の七雄　秦（西方の大国）　斉（東方の大国）　楚（南方の大国）　燕（北東）
趙（北方）　韓・魏（秦・斉・楚の間）

その他　魯・宋・中山（斉・趙・韓・魏の間）

＊六国　戦国の七雄から秦を除いたもの

演習問題②（30点）

解答

問一　a＝ゆえ（ゑ）を　b＝こたえ（へ）て　c＝また　（6点・各2）

問二　（i）＝へびいず（づ）くにかある［と］

（ii）＝蛇はどこにいるのか　（8点・各4）

問三　両頭の蛇を見た者は死ぬといわれているため、他の人が見てはいけないと思ったから。（7点）

問四　人に知られずに行う善行（4点）

問五　国の人々は孫叔敖が政治を行う前から孫叔敖を信用していたということ。（5点）

解説

問一　a「故」は、「ゆゑニ」と読んで、「だから―」と理由を説明する際に用いることが多い。しかし傍線部のように「ゆゑ」と読み、単に「理由」という意味の場合もある。b「対」は、「（目上の人に）お答えする」という意味の動詞。傍線部のように、「対曰」（こたへテいハク）の形でしばしば用いられる（172頁）。c「又」は「また」と読む漢字の一つで、「さらに、そのうえ」などと訳す。同訓の「亦・復」とともに覚えておこう（173頁）。

問二　（i）「安」は、疑問・反語をあらわす重要漢字。ここでは送りがな「クニカ」から「いづクニカ」と読む。

（ii）「安」（いづクニカ）は、場所を問うので、「どこ」と訳す。疑問・反語どちらの意味にもつかわれるが、ここでは「在」を「あル」（連体形）と読んでいること、また母の問に対して、孫叔敖が答えていること（問に対する答えがあること）から、疑問（どこに―か？）の意味と判断できる。両頭の蛇を見たという孫叔敖に対し、母は「今その蛇はどこにいるのか」と尋ねたのである。

問三　まずは傍線部の意味を考える。「已」（すでニ）は読みの通り、「もう…してしまった」の意、「之」（これ）は指示語である。二つあわせて「もうこれを埋めてしまった」という意味。次に傍線部までの孫叔敖の発言から、「之」が指すものと、埋めた理由を考えてみよう。孫叔敖は、両頭の蛇を見た者は死ぬと聞いていた（3点）。そのため、他の人が見たら死んでしまうと心配した（4点）。だから、「之」（＝両頭の蛇）を土に埋めて、人が見ないようにしたのである。なお理由説明は「―だから・なので」など、「から・ので」で文を結ばなければ、説明文として完結しないので注意すること。

問四　一字ずつ意味を考える。「陰」は「ひそカニ」の読みをもつ漢字で、人に気づかれないことをあらわす（2点）。「徳」は、道徳にかなったよい行い。善行のこと（2点）。ここでは、人知れず孫叔敖が両頭の蛇を埋めた行為を指す。このような「陰徳」のある人には、天が幸福をもたらしてくれるだろう、と述べられている。

問五　傍線部を正しく解釈して内容をつかもう。「未」（いまダ―ず）は、「まだ―ない」の意（30頁）。「治」は政治の治であり、宰相となった孫叔敖が政治を行うことをいう。孫叔敖が政治を行わないうちから、人々が「之」を信用したというのだから、「之」は孫叔敖を指す。「国の人々は」（1点）「孫叔敖が政治を行う前から」（2点）「孫叔敖を信用していた」（2点）。幼い頃の両頭の蛇に関する逸話を聞いていた民は、孫叔敖が仁徳を備えた人物だと知っていたので、きっとよい政治を行ってくれるだろうと信用したのである。

《書き下し文》

孫叔敖嬰児たりしとき、出遊して還り、憂へて食らはず。其の母其の故を問ふ。泣きて対へて曰はく、「今日吾両頭の蛇を見る。恐らくは死を去ること日無からん」と。母曰はく、「今蛇安くにか在る」と。曰はく、「吾聞く両頭の蛇を見る者は死すと。吾他人の又見んことを恐れ、已に之を埋めたり」と。母曰はく、「憂ふる無かれ。汝死せず。吾之を聞く、陰徳有る者は、天報ゆるに福を以てすと」（と）。人之を聞き、皆其の仁たるを喩る。令尹たるに及び、未だ治めずして国人之を信ず。

【現代語訳】

孫叔敖は幼いとき、遊びに出て帰ってくると、心配そうにしてご飯を食べなかった。孫叔敖の母はその理由をたずねた。〔孫叔敖は〕泣きながらお答えしていった、「今日わたしは頭が二つある蛇を見ました。きっと近いうちに死んでしまうでしょう」と。母はいった、「今蛇はどこにいるのですか」と。〔孫叔敖は〕いった、「わたしは、両頭の蛇を見た者は死ぬと聞いています。わたしは他の人がまた見てしまうことを恐れ、蛇を土に埋めてしまいました」と。母はいった、「心配することはありません。おまえは死にません。わたしはこのように聞いています。人に知られない善行のある者は、天が幸福によって報いてくれるのだと」と。人々はこの話を聞き、みな孫叔敖が仁を備えた人物であることを知った。〔後に孫叔敖が〕宰相になると、まだ政治を行わないうちから、国の人々は孫叔敖を信用した。

故事成語

本文の「有陰徳者、天報以福」は、「人知れず積んだ善行は、必ずよい報いとなって返ってくる」という考え方で、日本でも「陰徳あれば陽報あり」としてよく知られている。現在の日本には、すでに学習した「矛盾」「蛇足」のように、中国の故事がもととなった言葉が残っている。故事成語は道徳的な内容が多く、嫌がる人も多いだろうが、もし興味をもてるなら、さまざまな故事成語から漢文の世界観や表現を学ぶことができる。

演習問題③（30点）

解答

問一　a＝むかし　b＝ここをもっ（つ）て　c＝たれと（6点・各2）

問二　出かける（3点）

問三　郭氏の町はどうして廃墟になったのか（5点）

問四　そのきょ（よ）となるゆえ（ゑ）んのものは、なんぞや〔と〕（5点）

問五　桓公は帰国して野人の話を管仲に語った（5点）

問六　桓公が、優れた見識の持ち主と出会いながら、その人物に目をかけなかったことは、郭氏が善事を善としながら、善事を実践できなかったことと同じだから。（6点）

解説

問一　a「昔者」は二字で「むかし」と読む。この「者」は時間をあらわす漢字の後につく接尾語。b「是以」は「以レ是」「於レ是」とともに漢文に頻出する言葉。それぞれの読みを正確に覚えておこう（173頁）。c「誰」は「たれ」と読む。「だれ」と濁らないので注意する。

問二　「遊」は頻出用語の一つ。「遊」には「あそぶ」という意味もあるが、重要なのは「出かける・遠出する」（出遊・遊学）の意味でつかわれる場合である。

問三　ポイントは「曷」。送り仮名に「ゾ」とあるように、「なんゾ」と読む疑問・反語をあらわす漢字。「どうして―か」。「曷ぞ墟と為る」と「為」が連体形で結ばれているので、ここは疑問でとる。したがって「郭氏（の町）はどうして廃墟になったのか」となる。

問四　「其」は「そノ」。「所以」は二字で「ゆゑん」と読む。理由・原因を意味する。「為」はさまざまな読み・意味をもつが、ここは送り仮名「ル」をヒントに「なル」と読む。「何也」は二字で「―（ハ）なんゾや」と読み、「―はどうしてか」の意。これをあわせれば「そのきょとなるゆえんのものは、なんぞや」となる。

問五　傍線部「桓公帰以語二管仲一」は、直訳すれば「桓公は帰って管仲に語った」（2点）。「帰った」（本来いるべき場所へ戻る）というからには、郭国の廃墟から自国へ帰ったのであろう（1点）。問題は何を管仲に語ったかである。「以」に注目しよう。一般に返り点のない「以」は「そして」程度の意味で、強いて訳す必要はない。しかし「以二―一…」（―を以て…す）の「―」が省略され、見かけ上、「以…」（以て…す）となる場合がある（174頁）。ここは「以二―一語二管仲一」（―を以て管仲に語る）の「―」が省略されていることを見抜く。省略された内容は「野人の話」である（2点）。

問六　まず語句の意味をおさえる。「君」には「あなた」の意味もあるが、主君の意味もある。ここでは管仲が主君（殿様）の桓公に語っているので、主君の意。「―も亦た…」は「―も…（と同じ）である」の意。したがって、傍線部は「殿様もまた一人の郭氏（と同じ）である」となる（2点）。桓公と郭氏の何が同じかというと、桓公は野人の優れた発言を聞きながら、聞いたままですまし、その名前すら知らなかった（2点）という点である。郭氏も善を善としながら、善を実践できなかった（2点）。この点が同じだというのである。

《書き下し文》

昔者斉の桓公出でて野に遊び、亡国の故城の郭氏の墟を見る。野人に問ひて曰はく、「是れ何の墟と為す」と。野人曰はく、「是れ郭氏の墟と為す」と。桓公曰はく、「郭氏は曷ぞ墟と為る」と。野人曰はく、「郭氏は善を善として悪を悪とすればなり」と。桓公曰はく、「善を善として悪を悪とするは、人の善行なり。其の墟と為る所以の者は、何ぞや」と。野人曰はく、「善を善として行ふ能はず、悪を悪として去る能はず、是を以て墟と為るなり」と。桓公帰りて以て管仲に語る。管仲曰はく、「其の人は誰と為す」と。桓公曰はく、「知らざるなり」と。管仲曰はく、「君も亦た一の郭氏なり」と。是に於いて桓公野人を招きて賞す。

【現代語訳】

むかし斉の桓公は外遊したとき、亡国の故城・郭氏の廃墟を見学した。土地のものに問うには、「これは何の廃墟だろうか」と。土地のものはいった、「これは郭氏の廃墟です」と。桓公はいった、「郭氏（の町）はどうして廃墟になったのか」と。土地のものはいった、「郭氏はよいことを善と考え、悪いことを悪と考えたからです」と。桓公はいった、「よいことを善と考え、悪いことを悪と考えるのは、人間にとってよいおこないだ。それが廃墟となった理由は、なんだろうか」と。土地のものはいった、「よいことを善と考えながら、それを実行できず、悪いことを悪と考えながら、それを除くことができなかった。ですから廃墟となったのです」と。桓公は帰国して管仲にこれを話した。管仲はいった、「その人はどなたでしょうか」と。桓公はいった、「わからない」と。管仲はいった、「殿様もまた一人の郭氏と申せましょう」と。かくして桓公は土地のものを国に招き、褒美を与えた。

斉の桓公・晋の文公

斉の桓公（桓侯）と晋の文公（文侯）は、春秋時代に中国で覇権を唱えた諸侯。崩壊しかかった周王朝の秩序を一時的にとりもどしたため、後世、名君の誉れが高い。なお二人はそれぞれ「侯」という爵位（天子から与えられる地位）が記されているように、斉と晋の君主ではあるが、同時に王（周王）の臣下である。決して王や皇帝ではないので注意しよう。

演習問題④（30点）

解答

問一　a＝いい（ひ）て　b＝さらに　c＝もとより　（6点・各2）

問二　王が恵子に比喩をつかうことがないようにさせれば　（4点）

問三　弾論乎　（4点）

問四　弾を知らない人に、弾の形状は弾のようなものだといっても、理解させることはできないから。　（5点）

問五　ひとをしてこれをしらしむ　（4点）

問六　未知の物事を、既知の物事になぞらえることで、明らかにするもの。　（7点）

解説

問一　a「謂」は「いフ」と読む。「謂レA曰―」は発言を記す場合の定型句（172頁）。b「更」は「さらニ」と読む重要副詞の一つ。c「固」は「もとヨリ」と読む頻出語。固有の固で、「もともと・もとから」の意。同訓の「素」は平素の素で、「もとから」と訳すが、「平素から」の意が加わる。

問二　使役「使」がポイント。ここでは「使二―…一」（―ヲシテ…（セ）しム）の「―」（＝恵子）が省略されている点に注意する。句末は送りがな「バ」から、「―であれば」と仮定で結ぶ（詳しくは仮定形93頁を参照）。

問三　本文は会話を示すカギ括弧が省略されている。ただし引用を示す送りがなの「ト」は明記されているので、これを参考にする。書き下し文・全文解釈にはカギ括弧をつけているので、自分の読み方が間違っていなかったか、改めて確認してほしい。

問四　理由説明というのは、「―だから・なので、…した」の「―」の部分を答えるもの。傍線部は「わからない」とあるので、「―だから、わからない」の「―」を答えればよい。理由は傍線部の前後に書かれていることが多い。ここでは、王の発言の直前にある恵子の発言をふまえる。恵子は、弾を知らない人に向かって（1点）、弾の形状は弾のようなものだといっても（2点）、（当たり前だが）理解させることはできない（2点）、と述べている。これをまとめればよい。なお理由説明問題の解答は「―だから・なので」など、「から・ので」で結ぶこと。

問五　問二と同じく、「使」から使役と判断する。これは「―ヲシテ…（セ）しム」の形に当てはまるので、句法どおり書き下し文にすればよい。設問に「ひらがな」という指定があるので、漢字かな交じりで書かないこと。なお「使」＝「しム」は、訓読すると日本語の助動詞にあたるので、設問の指定にかかわらず、ひらがなで書くことに注意してほしい。

問六　恵子の最後の発言「夫説者～人知之」をコンパクトにまとめる。「其の知る所を以て」の「所」は、「場所」ではなく「もの・こと・物事」の意（175頁）。「以」は返読しているので、「―で・―

によって」(手段)の意(174頁)。「未知の物事を」(2点)、「既知の物事になぞらえることで」(3点)、「未知の物事を明らかにするもの」(2点)。

《書き下し文》 ※会話文にカギ括弧をつけている。

客 梁王に謂ひて曰はく、「恵子の事を言ふや善く譬ふ。王譬ふる無からしめば、則ち言ふ能はず」と。王曰はく、「諾」と。明日見て、恵子に謂ひて曰はく、「願はくは先生事を言ふとき、則ち直言するのみにして、譬ふる無かれ」と。恵子曰はく、「今此に人有りて弾を知らざる者あり。曰はく、『弾の状何若』と。応へて曰はく、『弾の状は弾のごとし』と。諭るか」と。王曰はく、「未だ諭らざるなり」と。是に於いて更に応へて『弾の状は弓のごとくして竹を以て弦と為す』と曰はば、則ち知るか」と。王曰はく、「知るべし」と。恵子曰はく、「夫れ説く者固より其の知る所を以て、其の知らざる所を諭し、人をして之を知らしむ。今王曰はく『譬ふる無かれ』と。則ち不可なり」と。王曰はく、「善し」と。

【現代語訳】

食客が梁王にいった、「恵子は巧みな比喩で話をします。王様が(恵子に)比喩を禁止なされば、何もいえますまい」と。王はいった、「わかった」と。翌日、(王は恵子を)見ると、恵子にいった、「どうか先生(＝恵子)は発言なさるとき、率直に仰っていただきたい。比喩を用いないでもらいたい」と。恵子はいった、「いま、ここに人がおり、弾を知らぬといたしましょう。そのものが『弾の形状とはどのようなものか』と聞いたとき、『弾の形状は弾のようである』と答えて、はたしてわかるでしょうか」と。王はいった、「それではわかるまい」と。そこで(恵子は)さらにいった、「『弾の形状は弓のようであり、竹を弦としている』と答えた場合、わかるでしょうか」と。王はいった、「わかるだろう」と。恵子はいった、「そもそも遊説家はもともと知っているものを利用して、知らないものをわかるように教え、(知らない)人にわからせるものです。いま王様は『比喩を用いてはならぬ』と仰せです。それではいけません」と。王はいった、「そのとおりだ」と。

遊説家

戦国時代には、縦横家と称される人々がいた。彼らは弁舌で諸国を渡り歩き、時にその国の宰相となって、国政を左右することもあった。漢文にはこういった縦横家の発言や逸話がしばしば見られる。彼らの発言は、立身出世をもくろんだもので、真偽の入り交じるものであるため、本文のように彼らの発言を封じようとする人々がいるのも当然である。ただし封じようとした人物もまた、縦横家と同類である点は、同じ穴の狢といったところだろう。

演習問題⑤（30点）

解答

問一　a＝よりて　b＝なんぞや〔と〕　c＝はたして（6点・各2）

問二　誰（どの国）を攻めるべきだろうか（4点）

問三　胡の君主は、鄭の武公は自国に攻め込むことはなく、信頼できると考えたから。（4点）

問四　(i)＝薄き者は疑はる
(ii)＝程度が軽くても疑惑を持たれる（6点・各3）

問五　第二＝宋有富　第三＝此二人（4点・各2）

問六　自分の身を危険にさらすことなく、正しい対処法を人に伝えることは難しい、ということ。（6点）

解説

問一　a「因」は「よリテ」と読む。上文を受けて、「そこで―」とつながる。接続に関わる漢字は数多い。読みと意味を習得し、正確な本文理解を目指そう（174頁）。b「何也」は疑問をあらわす定型句（58頁）。c「果」は結果の果で、「―という結果、案の定…」とつながる。

問二　「誰―者」（たれカ―スルものゾ）と読み、「誰が―なのか」という意味になる。この「者」は、「もの・こと」という意味ではなく、疑問の「耶」などと同じ意味である。やや難度は高いが、しばしば見られる表現なので、覚えておくとよいだろう（56頁）。ここでは「誰・どの国を―するのか」と訳すとよい（3点）。なお「伐」は「攻める」（1点）こと。

問三　理由説明の問題。「遂」は「つひニ」と読み、「（何かをすると）そのまま―になった」の意で、因果関係をあらわす。同訓の「卒・終・竟」が、「結局―になった」と訳すのとニュアンスが異なるので注意したい（173頁）。さて、本問は理由説明問題だから、「―だから、そのまま鄭に備えなかった」の「―」を探す。すると傍線部直前の「胡君～以鄭為親己」を発見できる。ここから「胡の君主は」（1点）、「鄭の武公が」（1点）、胡を兄弟と呼び、攻めるよう進言した臣下を罰したことを聞いて、鄭の武公は「自国を攻める気はなく」（1点）、「信頼できる」（1点）と感じたので、そのまま備えを怠った、と読み取ることができる。

問四　受身「見」の用法。(i)「見＋動詞」（「疑は」は「疑ふ」の未然形）の形で、かつ動詞から「見」に返っているので、「見」は受身で読む。(ii)「―される」の意味をしっかり訳出する（2点）。「薄」は程度がしれていること（1点）。

問五　本文は鄭と宋の逸話、そしてこれを受けての著者の所感の三つの意味段落から成り立っている（現代語訳を参照）。

問六　「関其思」と「隣人之父」は何をするべきかを知っていたが、それを率直に発言した結果、かえって身に危害が及んだ。この逸話と傍線部直前の「知ることの難きに非ざるなり」をふまえて、傍線部を解釈しなおせばよい。すると「正しい対処法・知ったことに正しく対処すること」（2点）を、「人に伝えることは難しい」（2点）という傍線部の解釈が骨格となり、そこに「自分の身を危険にさらすことがない」（2点）という条件が加わる。

《書き下し文》

昔者鄭の武公胡を伐たんと欲す。故に先づ其の女を以て胡の君に妻せ以て其の意を娯しましむ。因りて群臣に問ふ、「吾兵を用ゐんと欲す、誰か伐つべき者ぞ」と。大夫の関其思対へて曰はく、「胡伐つべし」と。武公怒りて之を戮し、曰はく、「胡は、兄弟の国なり。子之を伐てと言ふは、何ぞや」と。胡の君之を聞き、鄭を以て己に親しむと為し、遂に鄭に備へず。鄭人胡を襲ひ之を取る。宋に富人有り、天雨ふり牆壊る。其の子曰はく、「築かずんば、必ず将に盗有らんとす」と。其の隣人の父も亦た云ふ。暮れて果して大いに其の財を亡ふ。其の家は甚だ其の子を智とし、而して隣人の父を疑ふ。此の二人の説は皆当たれり。厚き者は戮せられ、薄き者は疑はる。則ち知ることの難きに非ざるなり、知るに処すること則ち難きなり。

【現代語訳】

むかし鄭の武公は胡の国を攻めようと思った。そのために、まず自分（＝武公）の娘を胡の国の君主に嫁がせ、そうすることで胡の国の君主の心を喜ばせた。そうしておいて〔鄭の武公は自分の〕臣下たちに尋ねた、「わたしは軍を動かそうと思う。どの国を攻めるべきだろうか」と。大夫の関其思はお答えした、「胡をこそ攻めるべきです」と。武公は怒って関其思を殺し、「胡の国は、兄弟の国である。お前はその胡の国を攻めよというとは、どういうことか」と言った。胡の国の君主はこの話を聞き知り、鄭の国を自分に親愛の情を抱いていると考えるようになり、そのまま鄭の国〔の攻撃〕に対して備えることをしなかった。鄭の国の人々は胡の国を攻めて、その国を奪い取った。

宋の国に金持ちがおり、雨が降って〔金持ちの〕家の壁が壊れた。その家の子どもが言うには、「〔壁を〕作り直さないと、きっと盗人があらわれるだろう」と。金持ちの隣人の父も同じことを言った。日が暮れると、案の定、〔金持ちの家は盗人に入られて〕自分の家の財産をたいそう失った。金持ちの家では自分の子どもをたいそう知恵があると褒め、かえって隣人の父を〔盗人として〕疑った。

この二人（＝関其思・隣人の父）の発言は両方とも正しかった。〔ところが〕ひどい場合には殺され、それほどでなくとも疑われた。ここからわかることは、〔事態の本質を〕見抜くことが難しいのではない、見抜いた後にどう行動するかが難しいのだ。

演習問題⑥（30点）

解答

問一　a＝しかるのちに　b＝あるいは　c＝ああ　（6点・各2）

問二　千里を走る名馬はいつの世にもいるが、伯楽はいつもいるとは限らない　（4点）

問三　いず（づ）くんぞそのよくせんりなるをもとめんや　（4点）

問四　千里の馬を養う方法によらないで千里の馬をむち打つ　（5点）

問五　千里の馬はいつの世にも存在するのに、その能力を見抜き、適切に養うことのできる人がいないことを嘆いている、ということ。　（7点）

問六　4　（4点）

解説

問一　a「然後」は「しかルのちニ」。訳は「その後」だが、「そうしてはじめて」と訳した方が通りのよい場合も多い。b「或」は一字で「あるイハ・あるヒト」などと読む。ここは送りがなから「あるイハ」と読む。「もしくは」の意。c「嗚呼」は感嘆の常用表現。「ああ」と読み、意味は「ああ・なんと」など。詳しくは詠嘆（136頁）で学習する。

問二　通常の否定と部分否定の違いを意識する。間違えた人は、もういちど否定②を学習しなおしてほしい（74頁）。

問三　「安」は疑問・反語の漢字で、「いづクンゾ」と読む（2点）。「能」は、「よク」と読み、「可・得」とともに可能をあらわす。詳しくは可能・不可能（86頁）で学習するが、頻出するので、ここで覚えておこう。文末の「也」は、「安」と呼応しており、「―や」と読む（2点）。断定の「なり」ではないので注意する。

問四　「―するに…を以てす」は「…によって―する」の意（174頁）。したがって「その道によらないでこれをむち打つ」が直訳となる（2点）。「其道」の「道」は道具の道で、方法・手段の意（1点）。「其」は少し難しいが、「千里の馬を養う（方法）」といった意味（1点）。「之」（指示代名詞「これ」）は千里の馬を指す（1点）。

問五　「其」は「そレ」という読みから「そもそも」の意。指示代名詞ではないので注意したい。「馬を知らざるか」の「馬」は「千里の馬」。したがって「本当に千里の馬を知らないのか」（詠嘆・反語）が直訳となる。本文の趣旨から考えて、もちろん「本当は千里の馬はいる」（3点）のだが、千里の馬はいても、世の中には「その能力を見抜き、養う人がいない」（2点）のである。筆者はこれを嘆いている（2点）のである。もちろんこれは単に馬のことだけでなく、人間（人材登用）についてもあてはまることである。

問六　文学史の問題。1「韓非子」は諸子百家の一人。2「司馬遷」は前漢の歴史家。『史記』の著者。3「杜甫」は盛唐の詩人。4「欧陽脩」は北宋の人で、唐宋八大家の一人。5「王守仁」は陽明学の祖。

《書き下し文》

世に伯楽有り、然る後に千里の馬有り。千里の馬は常に有るも、伯楽は常には有らず。故に名馬有りと雖も、祇だ奴隷人の手に辱しめられ、槽櫪の間に駢死し、千里を以て称せられざるなり。馬の千里なる者は、一食或いは粟一石を尽くす。馬を食ふ者は、其の能く千里なるを知りて食はざるなり。是の馬や、千里の能有りと雖も、食飽かずんば、力足らず、才美外に見れず。且つ常馬と等しからんと欲するも、得べからず。安くんぞ其の能く千里なるを求めんや。之を策うつに其の道を以てせず。之を食ふに其の材を尽くす能はず。之に鳴けども其の意に通ずる能はず。策を執りて之に臨みて曰はく、天下に馬無しと。嗚呼、其れ真に馬無きか、其れ真に馬を知らざるか。

【現代語訳】

世の中に伯楽がおり、はじめて千里の馬（千里を走る名馬）がいる。千里の馬はいつでもいるが、伯楽はいつもいるとは限らない。だから名馬がいたとしても、ただ使用人の手にののしられ、馬小屋の中で（他の馬と）並んで死に、千里の名馬として称賛されることがない。千里の馬は、時に粟一石も食べる。馬を飼う人は、それが千里の馬だと知って飼ってはいない。この馬は千里を走る能力があっても、食べ物が十分でなければ、力を出し切ることができず、能力が外に現れることがない。そればかりか普通の馬と同じ能力を望んでも、それすらも得ることができない。どうして千里を走る力を手に入れることができるだろうか。千里の馬を養う方法によらないでムチを打つ。千里の馬の能力を発揮できないようなやり方で養う。〔千里の馬が〕鳴き声をあげても、なぜ鳴いているのか、理解できない。ムチを打って千里の名馬に臨み、「天下に名馬がいない」という。ああ、そもそも本当に名馬がいないのだろうか、そもそも本当に馬を知らないのだろうか。

唐宋八大家

唐代中頃から宋代（北宋）にかけて活躍した八人の名文家で、六朝時代に盛行した四六駢儷文を排し、戦国～漢代までの「古文」を貴んだ。世界史でも学習するが、漢文の文学史問題としてもしばしば出題される。八人の名前と活躍した時代をすべて覚えておくことが望ましいが、少なくとも唐代の韓愈と宋代の欧陽脩・蘇軾は確実に覚えておきたい。

唐代　韓愈・柳宗元
宋代　欧陽脩・蘇洵・蘇軾・蘇轍・王安石・曾鞏

＊蘇洵は欧陽脩の知遇を得て出世した。蘇軾と蘇轍（蘇洵の子）、および曾鞏は欧陽脩の弟子。王安石は欧陽脩の後輩。

演習問題⑦（30点）

解答

問一　a＝いかん〔と〕　b＝すなわ（は）ち　c＝これをいかんぞ　（6点・各2）

問二　学校で議論される政治の利害は、子産が政治を行うための指針となるものだから。　（5点）

問三　1　（5点）

問四　人々の不満を抑圧すると不満が噴出し、多大な被害を招くので、日々の小さい不満を政治に反映させ、不満を解消することで、国の安定を図ろうとした。　（8点）

問五　X＝子産　Y＝然明　（6点・各3）

解説

問一　a「如何」は、単独で「いかん」と読む。「（郷校を廃止したら）どうだろうか」の意味。「如何」の間に言葉が入り、かつ文末にあると「如二―一何」（―ヲいかんセン）となる。b「則」は、「すなはチ」と読む重要漢字の一つ。c「若レ之何」の「若何」は、文末以外の場所にあり、かつ間に「之」を挟んでいるので、送りがなを加味して、「これヲいかんゾ」と読む。

問二　「是吾師也」の「是」（これ）は「郷校」（学校）を指す。では「学校が先生である」のはなぜか。直前の「学校がよいといえば実行するし、悪いといえば改める」が参考になる。ここから一般論として、「学校で議論される政治の利害は」（2点）、「子産が政治を行う上で『先生』となる」（2点）の二点が指摘できる。さらに学校は「先生」なのだから、「政治の指針」のように、指導的立場にあることがわかるような表現にするとよい（1点）。

問三　まず否定をともなう反語「豈不二―一」（あニ―ざランヤ）を正確に解釈する。「どうして―ないだろうか、いや―する」であるから、内容だけを取れば、強い肯定「―である」となる。「遽」（にはカニ）は、「すぐに・たちまち」の意で、重要語の一つ。したがって傍線部は、「すぐにとめることができる」という意味になる。何を止めるのかといえば、直前の「怨」（政治に対する批判）である。

問四　「防レ川」の要点は二つ。一つ目は、「大決」すると、大きい被害が出て救済できない、ということ。二つ目は、「小決」させて、川の水を適度に流してやる方がよい、ということ。この二点は、それぞれ人々の不満を押さえつけることと学校での政治批評を政治に反映させることに対応している。ポイントとしては、「人々の不満を抑圧すると不満が噴出し、多大な被害を招く」という点（2点）。それへの対処法として、「日々の小さい不満を政治に反映させ」（2点）、「その解消を図る」（2点）こと。そうすることで、「国の安定を図る」、または「人々に平穏をもたらす」といった政治的な成果を収めること（2点）である。

問五　人称代名詞は一般的につかわれる言葉もあるが、特定の文脈では特別な意味をもつこともある。まず「吾子」は「吾」（われ）

の字が入っているが、二人称代名詞で「あなた」の意。また「小人」は、一般には「つまらぬ人間」を指す言葉だが、自分に対する謙称ともなる。傍線部は然明から子産に向けての発言なので、「あなた」は「子産」、「わたし」は「然明」である。

《書き下し文》

鄭人郷校に遊び、以て執政を論ず。然明子産に謂ひて曰はく、「郷校を毀たば如何」と。子産曰はく、「何ぞ為さん。夫れ人朝夕して退きて焉に遊び、以て執政の善否を議す。其の善とする所の者は、吾則ち之を行ひ、其の悪とする所の者は、吾則ち之を改む。是れ吾が師なり。之を若何ぞ之を毀たん。我忠善以て怨みを損らすを聞くも、威を作して以て怨みを防ぐを聞かず。豈に遽かに止めざらんや。然れども猶ほ川を防ぐがごとし。大決して犯す所は、人を傷つくること必ず多し。吾救ふこと克はざるなり。小決して道かしむるに如かず、吾聞きて之を薬とするに如かざるなり」と。然明曰はく、「蔑や今にして後吾子の信に事ふべきを知るなり。小人実に不才なり。若し果たして此を行はば、其れ鄭国は実に之を頼らん。豈に唯だに二三の臣のみならんや」と。

【現代語訳】

鄭の人々は郷校に集まり、政治を批評した。然明は子産にいった、「郷校を廃止してはどうですか」と。子産はいった、「どうして廃止したりするだろうか。人々は朝夕の出仕から退いて郷校に集まり、政治の得失を議論している。人々が善いというものは、わたしはそれを実行するし、悪いというものは、わたしはそれを改める。これはわたしの〔政治の〕先生なのだ。どうして郷校を廃止したりしようか、いや廃止などしない。わたしは、真心と善事によって〔人々の〕怨みを減らすと聞いているが、権威によって怨みを防ぐとは聞いたことがない。〔なるほど権威をつかえば〕どうしてただちに〔政治の批判を〕止めさせられないことがあるだろうか、いやすぐにも止めさせられるだろう。しかし、それは川の水を防ぎ止めるようなものだ。堤防が大きく決壊すれば、人々に与える被害は必ず多くなる。〔そうなれば〕わたしは救うことができない。溢れる川の水を少しばかり逃して、〔しかるべきところへ〕導いてやるほうがよいだろう。わたしが〔人々のわずかな不満を〕聞き入れて、〔自分の〕薬とする方がよい」と。然明はいった、「わたしは今はじめてあなたが確かにお仕えするべきお方であるとわかりました。わたくしは本当につまらない人間です。このように〔政治を〕行うのであれば、鄭国はたしかにあなたを頼りとすることでしょう。どうしてただ二、三の臣下だけのことであるでしょうか。いえ、二、三の臣下だけのことではありません」と。

演習問題⑧（30点）

解答

問一　a＝と　b＝よく　c＝こもごも　（6点・各2）

問二　丁謂の能力は抜擢するのに十分でないというのでしょうか　（5点）

問三　政治的な能力はもっているが、人間的に問題がある、ということ。　（5点）

問四　そのひととなりこれをしてひとのうえ（へ）にあらしむべけんや〔と〕　（5点）

問五　きっとわたしの言葉を思い出すだろう　（5点）

問六　3　（4点）

解説

問一　a「与」は最重要の漢字の一つ（177頁）。まず「寇萊公（始）与二丁晋公一」は人名と人名の間に「与」が挟まれている。これは「AとBと」（A&B）または「AはBと」（AはBと一緒に）のどちらかである。傍線部前の「寇萊公」には「ト」の送りがながないので、ここでは後者。b「能」は可能の能。通常は副詞的に「よク」、否定「不」をともなうときは「不レ能」＝「あたハず」と読む。c「交」は一字で「こもごも」（たがいに）と読む。「屢」（しばしば）、「益」（ますます）などとセットで覚えておきたい（179頁）。

問二　「豈」（あニ）は反語をあらわす代表的漢字。ただし反語以外にも、まれに詠嘆や疑問をあらわすことがある。傍線部は寇準が「豈―耶、（抑）…耶」と、「―だろうか、それとも…だろうか」と二つの疑問を李沆に投げかけているところであるから、疑問の意で解釈すると本文の趣旨にあう。もちろん寇準は本当に「丁謂の才能は任用するのに不足があるのだろうか？」と疑問に思っているのではなく、実質的には「任用するのに十分な才能はあるでしょう！」と言っているのである。

問三　「才」は才能・才人の才。「才は則ち才なり」で、直訳すれば「（政治的な）才能があることはある」となる（2点）。しかし直後に「顧―」（たダ―）とあるように、「政治的な才能があることはあるのだが―」と続く。つまり「政治的な才能はあっても不満がある」と言いたいのである。ではどのような不満かといえば、傍線部(3)の箇所に書かれてあるように、人間性に問題がある（3点）、ということである。

問四　使役と可能の読み方がわかれば難しくない。「使」は使役「しム」（62頁）、「可」は「ベシ」（終止形）で、それぞれ書き出し文ではひらがなにする。なお「為レ人」は人柄・性格の意（175頁）。

問五　「当」は再読文字「まさニ―（ス）べシ」。ただし第一の意味である「当然―しなければならない」では意味がとおらない。ここはもう一つの意味、「きっと―だろう」の意（30頁）。

問六　「Xの識」の「識」は、見識の識。丁謂と争い、海南島へ流されることになった寇準の運命を予見していたのは、李沆（文靖）

である。したがって「文靖」が正解。

《書き下し文》

寇萊公始め丁晋公と善し。嘗て丁の才を以て李文靖公沆に薦むること屢たり、而るに終に未だ用ゐず。一日、萊公文靖に語りて曰はく、「準屢丁謂の才を謂ふに、相公終に用ゐず。豈に其の才用ゐるに足らざるか、抑鄙言聴くに足らざるか」と。文靖曰はく、「斯の人のごとき者は、才は則ち才なり。顧だ其の人と為り之をして人の上に在らしむべけんや」と。萊公曰はく、「謂のごとき者は、相公終に能く之を抑へて人の下に在らしめんや」と。文靖笑ひて曰はく、「他日後悔せしとき、当に吾が言を思ふべきなり」と。晩年寇と権寵相ひ軋み、交傾奪するに至り、竟に海康の禍ひ有り、始めて文靖の識に伏せり。

【現代語訳】

寇萊公（寇準）はむかし丁晋公と仲がよかった。あるときなどは、しつこいほど丁公の才能を李文靖公沆に薦めたものだった。ところが結局〔李公は丁公を〕任用しなかった。ある日、萊公が文靖にいうには、「わたしはしばしば丁謂の才能に言及しているのに、相公は結局任用なさらなかった。丁謂の能力は抜擢するのに十分でないというのでしょうか、それともわたしの言葉は聞くにたらないとお思いなのでしょうか」と。文靖はいった、「彼のような人間は、才人という意味では確かに才人だ。ただ〔彼の〕人間性は、人の上におらせてよいだろうか、いやおらせてよいはずはない」と。萊公はいった、「丁謂ほどの人材、相公（李沆）は最後まで頭を押さえて、人の下におらせることができるでしょうか」と。文靖は笑っていった、「あとで後悔したとき、わたしの言葉を思い出すだろうよ」と。晩年、〔丁公は〕萊公と権力を争い、互いにいがみ合い、結局海康の禍があり、ようやく〔萊公は〕文靖の見識に伏した。

『東軒筆録』

本問題出典の『東軒筆録』は、北宋の魏泰という人物が書いた書物で、『韓非子』や『戦国策』といった戦国時代を扱った書物よりも、かなり後に書かれたものである。そのため内容も当時の世情を反映したものになっている。『韓非子』などのように独立国の王は登場しないし、その間を駆け回る遊説家もいない。そのかわり、皇帝を頂点とし、その下で権謀術数をもちいて権力闘争にはげむ学者・政治家があらわれる。漢文の学習に余裕が出てくれば、どの時代の書物か、どういった内容の書物か、といった点に興味を向けてみるのもおもしろいだろう。

演習問題⑨（30点）

解答

問一　a＝なんぴとぞ　b＝ために　c＝もし（6点・各2）

問二　村里の人々に褒め称えられており（4点）

問三　官舎があるはずの朝廷の使者が、わざわざ自分の家に食事を求めに来た点。（6点）

問四　(i)＝いかんぞしょ(よ)くをもとむるや〔と〕
(ii)＝どうして我が家で食事を摂ろうとなさるのでしょうか（8点・各4）

問五　自分を祭るすべての人に福を与えることはできないので、福を受けるのに適した人物の施しのみを受けることで、その人に福を授けている。（6点）

解説

問一　a「何人」は疑問の漢字が「人」に直接かかる形で、「なんぴと」と読む(82頁)。b「為」は多訓多義語。ここでは送りがなから「ために」と読む。「ために」は返読し、動作の原因や理由をあらわすが、人物をあらわす漢字から返読し、「―に対して」という意味でつかうことがある(177頁)。c「若」も多訓多義の漢字。返読しない場合は、二人称代名詞「なんぢ」、または仮定「もシ」を考える(176頁)。

問二　典型的な受身「為三―所二…一」の形(68頁)。「郷里(の人々)に推された」が直訳(3点)。しかし「推す」ではわかりにくい。「老父」は性格が「謹厚」というのだから、「推」は「たっとぶ・重んずる」などの意味が適切だろう(1点)。なお傍線部は読点で下とつながっているので、「―されており」などと結ぶ。

問三　「色」は頻出の多義語(183頁)。ここでは直後の「少年はそれ(＝老父が疑っていること)に気づき」という表現から、「表情」の意。同時に、「意」は「心中」が外に現れ出たものと考えるとよい。したがって本問は「―から、老人の態度や表情がたいへん疑っていた」の「―」を答えればよく、それは傍線部の少し前、「因思…」(老人はそこで考えた)以下に記されている。

問四　「奈何―乎」がポイント。「奈何」(＝如何)は二字で「いかん」と読むことは知っているだろうが、「奈何―乎」のように「―」に文が入る場合は、「いかんゾ―や」と読む。意味は「何」(なんゾ)と同じで、「どうして―だろうか」となる(80頁)。

問五　解答となるべき場所が「凡人之祀レ我」～「不二敢享一レ之」であることは、わかっただろう。しかし同箇所は読みにくい。「不レ能」は不可能、「致」は「まねく・よびよせる」(招致の致)、「不レ当」は「―してはいけない」の意。あとはこれを丁寧に読めば、①幸福を求めて自分(大仰山の神)を祭る人(捧げ物をする人)のすべてに、福を授けることはできない(2点)。②福を授けるには、それに適した人物でなければならない(2点)。③その人物が見つかれば、その人物から食事をもらう(＝捧げ物をもらう)ことで、幸福を授けている（2点）、がポイントとして浮かびあがる。

《書き下し文》

袁州の村中に老父有り。性謹厚、郷里の推す所と為り、家も亦た甚だ富む。一日、紫衣の少年有り、車僕甚だ盛んなり。其の家に詣り食を求む。老父即ち延き入れ、食を設くること甚だ豊かにして、遍く従者に及ぶ。老父食に前に侍し、因りて思ふ長吏朝使の県に行かば、当に頓地有るべし。此れ何人ぞやと。意色甚だ疑へり。少年之を覚り、謂ひて曰はく、「君我を疑へり。我復た君の為に隠す能はず。仰山の神なり」と。父悚然として再拝して曰はく、「仰山には日祭祀を献ず、奈何ぞ食を求むるや」と。神曰はく、「凡そ人の我を祀るは、皆我に従りて福を求むればなり。我力致す能はざる者有り。若し其の人に非ず当に福を受くべからざる者なれば、我皆敢へて之を享けず。君の長者なるを以て、故に君に従りて食を求むるのみ」と。食訖はり、辞譲して去り、遂に見えず。

【現代語訳】

袁州の村に老人がいた。生まれつきつつしみ深く人間味があり、村里の人々に褒め称えられており、その家もたいそう栄えていた。ある日、紫の着物をきた少年があらわれ、その車や従者たちまでたいそう豪奢であった。〔少年は〕老人の家にやってきて食事を求めた。老人はすぐさま〔少年を家へ〕招き入れ、たいそう豪華な食事を用意したばかりか、すべての従者に〔食事を〕ふるまった。老人は〔少年の〕食前にひかえながら思うには、長吏や朝使といった朝廷の使者が県の役所に向かわれる場合、宿泊所があってしかるべきだ。このお方はいったいどなたであろうか、と。〔老人からは〕疑いの様相やまなざしが大いに現れ出ていた。少年は老人が自分を疑っていることに気づき、〔老人に〕いった、「あなたはわたしをお疑いのようだ。わたしはあなたに対して〔自分の素性を〕隠すことはできません。〔わたしは〕大仰山の神なのです」と。老人は恐れて再拝（二度お辞儀をすること）していった、「大仰山には、毎日、捧げ物をしておりますのに、どうして〔我が家で〕食事を摂ろうとなさるのですか」と。大仰山の神はおっしゃった、「そもそも人がわたしを祭るのは、だれもかれも、わたしにすがって幸福を求めるからです。〔しかし〕わたしの力では〔彼らの望みを〕かなえられないものがあります。もし〔その人が〕しかるべき人物でなく、幸福を受けるに値しない人物であれば、わたしは決してその人の捧げ物を受け取りません。あなたが徳のある人であることから、あなたに食事を求めたのです」と。食事が終わると、お礼をいって立ち去り、そのまま見えなくなってしまった。

演習問題⑩（30点）

解答

問一　a＝まみゆ　b＝ともに　c＝いえ（へ）ども　（6点・各2）

問二　(1)＝絶対に到達しなければなりません
(2)＝決して越えることはできません　（8点・各4）

問三　三年の喪が終わると、子夏は和やかな気持ちになっていたが、閔子は悲しみの気持ちのままだった、ということ。（5点）

問四　能く之を断つに礼を以てす　（4点）

問五　子夏は哀悼の気持ちがなくなっても努力して三年の服喪を守り、閔子は哀悼の気持ちが残っていても努力して三年で喪を終えたように、両者とも先王の礼を守ったから。（7点）

解説

問一　a「見」は、見るの敬語「まみユ」の読み・意味がある。ここでは先生（目上の人）に対してつかわれているので「まみユ」（お目にかかる。176頁）。b「俱」は「ともニ」。「一緒に」の意。しばしば「与」とともに使われ「A与レB俱—」（AはBと俱に—）となる。

c「雖」は逆接をあらわす漢字（92頁および173頁）。

問二　(1)(2)とも否定＋「敢」の形だが、(1)は「否定＋敢＋否定」、(2)は「否定＋敢」。(1)は「どうしても—する・必ず—でなければならない」、(2)は「決して—しない」。

問三　(3)「二者殊レ情」の「二者」は子夏と閔子。「情」は感情・心・気持ちといった意味。「殊」は振りがなにしたがって「異なる」と解釈する。したがって傍線部は「子夏と閔子の二人は（三年の喪に対する）気持ちが異なる」となる。両者の「情」がどう異なるのかというと、子夏は「侃侃而楽」「哀已尽」、閔子は「切切而悲」「哀未レ忘」とある。つまり三年の喪が終わると（1点）、子夏は和やかな気持ちだった（すっかり悲しみの気持ちがなくなっていた）が（2点）、閔子は悲しい気持ちのまま（まだ悲しみの気持ちを断ち切れない）であった（2点）、となる。両者が対照的であった点を指摘すること。

問四　「能」は可能「よク」。送りがなの省かれた「以」の読みを考える。「断レ之以レ礼」から「以レCAレB」＝「AレB以レC」（BをAするにCを以てす）に気づく必要がある。後はこの形にあてはめて「以」を「以てす」と読めばよい（174頁）。

問五　子夏と閔子はともに「君子」と評価されている。問三で見たように、子夏と閔子の「情」は異なっていたのに、孔子は二人を「君子」といった。そのため子貢が理由を問うたのである。したがって二人を君子といった理由は、子貢の問いに答えた部分である「閔子哀未レ忘」以下に記されている。解答はこの部分を現代語訳し、わかりやすく説明し直せばよい。つまり①閔子は親への哀悼の気持ちをまだ断ち切れないでいるが（1点）、先王の礼を守り、あえて喪を終わらせた（1点）。一方、子夏は既に悲しみの気持ちはなくとも（1点）、先王の礼を守り、三年の服喪を終えた（1点）。二人の心は違っていても、先王の礼を守ったという点においては、二人とも君子といえる（3点）から、となる。なお「礼」とは、漢文の世界においては、意味のない決まりごとではなく、先王（古代の偉大な王たち）が、人間が人間であるために必要な行為として定めたものとされており、これを守ることが人間としての最低の条件とされていた。

《書き下し文》

子夏三年の喪畢はり、孔子に見ゆ。子曰はく、「之に琴を与へよ」と。之をして絃かしむ。侃侃として楽し。作ちて曰はく、「先王の礼を制する、敢へて及ばずんばあらず」と。子曰はく、「君子なり」と。閔子三年の喪畢はり、孔子に見ゆ。子曰はく、「之に琴を与へよ」と。之をして絃かしむ。切切として悲し。作ちて曰はく、「先王の礼を制する、敢へて過ぎず」と。子曰はく、「君子なり」と。子貢曰はく、「閔子は哀未だ尽きず、夫子曰はく、君子なりと。子夏は哀已に尽くるに、又曰はく、君子なりと。二者情を殊にして、而も倶に君子と曰ふ。賜や惑へり。敢へて之を問ふ」と。孔子曰はく、「閔子は哀未だ忘れず、能く之を断つに礼を以てす。子夏は哀已に尽くるも、能く之を引きて礼に及ぶ。均しく之れ君子といふと雖も、亦た可ならずや」と。

【現代語訳】

子夏が三年の喪を終え、孔子にお目にかかった。先生（孔子）がいった、「子夏に琴を与えよ」と。子夏に琴を弾かせた。和やかで楽しげであった。〔子夏は〕立ち上がっていった、「先王の定めた礼ですので、決して到達しないわけにはまいりません」と。先生はいった、「君子である」と。閔子（＝閔子騫）が三年の喪を終え、孔子にお目にかかった。先生はいった、「閔子騫に琴を与えよ」と。閔子騫に琴を弾かせた。悲哀にあふれて悲しげであった。〔閔子騫は〕立ち上がっていった、「先王の定めた礼ですので、決してそれを越えることはできません」と。先生はいった、「君子である」と。子貢はいった、「閔子騫は悲しみの心がまだなくなっていないのに、先生は『君子である』と仰いました。子夏は悲しみの心がもうなくなっているのに、〔先生は〕また『君子である』と仰いました。二人は心の状態が違いますのに、〔先生は〕二人とも『君子である』と仰いました。私は途方にくれております。あえてこの理由をおたずねします」と。孔子はいった、「閔子騫は悲しみの心をまだ忘れられないのに、礼によって服喪を断ち切ることができた。子夏は悲しみの心がすでになくなっているのに、礼によって喪を終えることができた。均しく二人とも君子であるといっても、よいのではあるまいか」と。

演習問題⑪（30点）

解答

問一　a＝しむ　b＝かくのごとく　c＝かえっ（へっ）て（6点・各2）

問二　子貢はへりくだった言葉で説得したが、馬を返してもらうことはできなかった（6点）

問三　1（4点）

問四　3（4点）

問五　どうしてあなたの畑の苗を食べずにいられるでしょうか、いや食べずにはいられないでしょう（4点）

問六　弁舌が巧みな子貢は農夫を説得できず、弁舌の素人である馬飼いが農夫を説得できたこと。（6点）

解説

問一　a「使」（しム）は、使役をあらわす代表的な漢字。「令」「教」「遣」とともに確実に覚えておくこと（62頁）。b「若レ此」は、二字で「かクノごとシ」（このようである）と読む頻出表現。「若」には「如」、「此」には「是」「之」「斯」といった漢字が入る。c「反」（かヘッテ）は、「（予想とは）反対に」の意。

問二　まず「辞を卑くすれども」を考える。名詞の「辞」は、「言葉」の意。「卑」は「へりくだる」。傍線部より前の内容をふまえれば、「（子貢は）へりくだった言葉を使っ（て農夫を説得し）たが」となる（3点）。「―ども」（―が・けれども）と訳せていない場合は1点減点。後半の「不レ能レ得也」を考えよう。まず「不レ能二―一」は不可能「―できない」（1点）。「得」は「手に入れる」の意（＝「獲」）。「得」るものは、農夫に捕まえられた孔子の馬であるから、「馬を返してもらう」（2点）などと訳すとわかりやすい。

問三　傍線部を含む「以二人之所レ不レ能レ聴説レ人」を直訳すると、「人が聞くことができないもので人を説得すること」。「譬」以下の比喩をふまえれば、「人之所レ不レ能レ聴」は、「相手の能力では理解できないもの」、簡単にいえば「相手にあわないもの」という意味である。この内容に一致する選択肢を選べばよい。

問四　「彼」は指示語。「人」などの名詞を修飾するときは「かノ」と読む。したがって「非二彼人之過一也」は「あの人の過失ではない」となる。ここでいう「過失」は、この直前の事件である「子貢が農夫を説得したものの、馬を返してもらえなかったこと」を指す。これを知った孔子が、「予（＝わたし）の罪であって彼の人（＝あの人）の罪ではない」というのだから、「彼人」は説得を試みた「子貢」を指す。

問五　「安得二―一」（いづクンゾ―ヲえンヤ）は、反語の「安」の下に可能の「得」が置かれた形で、不可能「どうして―することができるだろうか、いや―できない」を意味する（2点）。ただし傍線部は「安得レ不二―一」と「不」があるので、「どうして―できないことがあるだろうか、いや―できるはずだ・―しないわけにはいかないはずだ」などとなるので、注意しておきたい（1点）。次に「食二子之苗一」の「子」は、二人称代名詞「あなた」。したがって「あなたの畑の苗を食べる」となる（1点）。

問六　一般には上手な者は下手な者より優れているように思われるが、傍線部は反対に、「上手な者より下手な者の方がよい」という結論を導く。農夫の説得において上手と考えられる者は、能弁な「子貢」であり、下手な者は「馬飼い」である。しかし子貢は説得に失敗し、馬飼いは成功した。つまり農夫を説得して馬を返してもらうことにおいて（2点）、弁舌や説得が上手な者が失敗し、下手な者が成功した（2点）ということであり、上手な者とは「子貢」（1点）、下手な者とは「馬飼い」（1点）を指す。

《書き下し文》

孔子行遊す。馬失げて農夫の稼を食らふ。野人怒り、馬を取りて之を繫ぐ。子貢往きて之を説くに、辞を卑くすれども得る能はざるなり。孔子曰はく、「夫れ人の聴く能はざる所を以て人に説くは、譬ふるに大牢を以て野獣を享し、九韶を以て飛鳥を楽しましむるなり。予の罪なり。彼の人の過ちに非ざるなり」と。乃ち馬圉をして往きて之を説かしむ。至りて野人に見えて曰はく、「子東海に耕し、西海に至る。吾が馬の失ぐるや、安くんぞ子の苗を食らはざるを得んや」と。野人大いに喜び、解きて之に与ふ。説くこと此くのごとく其れ方無きなり。而れども反つて行はる。事には至る所有りて、巧は拙に若かず。

【現代語訳】

孔子が各地を回っていたとき、馬が逃げて農夫の畑の作物を食べてしまった。農夫は腹を立て、馬を捕まえて繫いでしまった。子貢は〔農夫のもとへ〕行って返してくれるよう説得したが、へりくだった言葉で説得しても〔馬を〕返してもらうことはできなかった。孔子はいった、「そもそも人が聞き入れられないようなもので人を説得しようとするのは、たとえれば、盛大なごちそうで野獣をもてなし、宮中で演奏する音楽で飛ぶ鳥を楽しませるようなものである。〔馬を返してもらえなかったのは〕わたしの罪であり、子貢の過失ではない」と。そこで〔孔子は〕馬飼いに〔農夫のもとへ〕行かせて馬を返してくれるよう説得させた。〔馬飼いは〕到着すると農夫にお会いしていった、「あなたは東海に耕し、西海にいたるほど〔広大な土地を耕していらっしゃいます〕。わたしの馬が逃げたなら、どうしてあなたの畑の苗を食べずにいられましょうか」と。農夫はたいへん喜び、〔繫いでいた馬を〕解いて返してやった。説得にはこのようにたいした方法はなかったが、かえってうまくいった。物事には行き着くところがあって、上手な者が下手な者に及ばないこともある。

演習問題⑫（30点）

解答

問一　a＝ごとに　b＝ともに　c＝すなわ（は）ち　（6点・各2）

問二　ただ口先がうまいためにわたしの上の位にいるだけだ　（6点）

問三　どなりといえ（へ）ども、ひとりれんしょ（や）うぐんをおそれんや　（4点）

問四　廉頗と藺相如の二人が争えば、少なくとも一人は死んでしまう、ということ。　（6点）

問五　藺相如の、個人的ないさかいよりも、国家の利益を優先するべきだという考え方を知ったから。　（8点）

解説

問一　a「毎」は、返読する場合は「ごとニ」（―するたびに）、返読しない場合は「つねニ」（いつも）。b「与」は、代表的な多訓多義の漢字。「誰かと何かをする」という場合は、まず「と」「ともニ」の読みを考えるとよい（177頁）。c「輒」（すなはチ）は、「そのたびごとに」の意（172頁）。

問二　送りがなをヒントに「徒だ口舌を以て我が上に居るのみ」と読む。「徒」は限定「ただ―だけ」の意（2点）。「口舌」は「口先・弁舌」などの意。リード文をふまえて「口先の功績」としてもよいだろう（2点）。「以」は返読しているので、原因・理由の「―で・―によって」（1点）。「我が上」は、身分が問題となっている場面なので、「私の上位・私より上の位」の意（1点）。

問三　「雖」は「いへどモ」と読む重要漢字（2点。173頁）。「独」は「ひとリ」と読む（2点）。通常は限定「ただ―だけ」の意であるが、ここでは「哉」と呼応し、反語の意味で解釈する（104頁）。それ以外は訓点に従って読めばよい。

問四　注意点は「両虎」の具体的内容と部分否定「不倶」の解釈である。「両虎」は「二匹の虎」を指し、「虎」は強いものの象徴である。本文でその対象となるのは、廉頗と藺相如しかいない（3点）。次に「不倶―」は「二人ともは―ない」の意であるから、「二人ともは生きることがない」、わかりやすく言い換えれば、「少なくとも二人の中のどちらかは死ぬ」の意（3点）。これをふまえて傍線部を読み解いていこう。直訳は「二匹の虎が一緒に戦えば、そのなりゆきとして二匹ともには生きることがない」。ここに「両虎」の具体的内容や、「不倶」のわかりやすい解釈を当てはめれば、傍線部が何を言いたいのかは、おのずと明らかになるだろう。

問五　廉頗は藺相如に恥をかかせようとしたが、藺相如は廉頗と争おうとしなかった。なぜか。強国の秦が趙を攻めないのは、趙に藺相如と廉頗の二人がいるからであり、二人が争い、どちらか一人でも倒れるようなことがあれば、趙は秦に滅ぼされてしまうからである。この藺相如の真意を知った廉頗は、藺相如にわびた（＝傍線部）のである。解答にこのすべてを記す余裕はないので、設問の指定である「藺相如の」（2点）のほか、藺相如が懸念している内容、①「個人的ないさかいを起こすべきときではないこと」（3点）、そして②「国家の利益を優先するべきであること」（3点）という二点を指摘しておきたい。

《書き下し文》

頗曰はく、「我趙の将と為り、攻城野戦の功有り。相如素賤人なり。徒だ口舌を以て我が上に居るのみ。吾之が下と為るを羞づ。我相如を見れば、必ず之を辱めん」と。相如之を聞き、朝する毎に常に病と称し、与に列を争ふを欲せず。出でて望見すれば、輒ち車を引きて避け匿る。其の舎人皆な以て恥と為す。相如曰はく、「夫れ秦の威を以てすら、相如之を廷叱し、其の群臣を辱む。相如駑なりと雖も、独り廉将軍を畏れんや。顧念するに強秦敢へて兵を趙に加へざるは、徒だ吾が両人の在るを以てなり。今両虎共に闘はば、其の勢ひ倶には生きず。吾此を為す所以の者は、国家の急を先にして、私讐を後にすればなり」と。頗之を聞き、肉袒して荊を負ひ、門に詣りて罪を謝し、遂に刎頸の交はりを為す。

【現代語訳】

廉頗はいった、「わたしは趙の将軍となり、城を攻め野に戦った功績がある。相如はもともと身分の低い男である。ただ口先がうまいためにわたしの上の位にいるだけだ。わたしは相如の下の位にいることを恥ずかしく思う。わたしは相如に会ったら、必ず恥をかかせてやるつもりだ」と。相如は廉頗の発言を聞き、朝廷に出仕すると、いつも病気だと嘘をいって、〔廉頗と〕席次を争おうとしなかった。外出の折り、〔廉頗を〕遠くに見かけると、そのたびに車を引き返して避け隠れた。相如の側近はみなこの相如の行動を恥ずかしく思っていた。相如はいった、「そもそも秦王の威光を前にしてさえ、わたしは〔秦の〕朝廷で秦王を怒鳴りつけ、秦の群臣に恥をかかせた。わたしは愚かとはいえ、どうして廉将軍をおそれるだろうか、いやおそれるはずがない。考えてみれば、強国の秦が趙を攻めようとしないのは、ただ廉将軍とわたしの二人が〔趙国に〕いるからである。いま二匹の虎（＝廉頗と藺相如）がともに争えば、そのなりゆきとして二匹ともが生き残るというわけにはいかないだろう。わたしが廉将軍から逃げ回るのは、国家の危急を第一に考え、個人的ないさかいを後回しにするからである」と。廉頗は藺相如の発言を聞き、肌ぬぎしていばらの鞭を背負い〔罪を謝すため罪人の身なりをして〕、〔相如の〕家を訪れて罪を詫びた。こうして〔二人は〕首をはねられても悔いないような親しい交わりを結ぶことになった。

演習問題⑬（30点）

解答

問一 a＝およそ　b＝けだし　c＝しかり　（6点・各2）

問二 官吏は民をつかうものではなく、民のために働くものである、ということ。（4点）

問三 (i)＝あにただにこれをおこたるのみならんや、またしたがい（ひ）てこれをぬすめり　（2点）

(ii)＝どうしてただ官吏の仕事を怠っているだけであろうか、さらには俸禄をも盗んでいるのである　（6点）

問四 民が決して自分の怒りをぶつけて役人をやめさせ罰しようとしないのは、どうしてか　（5点）

問五 わがたみをいかんせん　（3点）

問六 1　（4点）

解説

問一 a「凡」・b「蓋」ともに文頭に置かれた場合は、特定の読みをする（171頁）。c「然」は逆接の「しかレドモ」もあるが、「しかリ」と読む場合がある。これは指示代名詞を動詞的に読んだもので、「その通りである」の意味になる。

問二 「役」は、日本では役人（やくにん）を連想するが、漢文では労役（ろうえき）・使役（しえき）（働かされる・つかう）の意味でしばしばつかわれる。したがって「民の役」とは、「民が使役するもの」の意味。直後の「以て民を役するのみに非ざるなり」と対比すれば、より一層意味は明白になる。解答は主語「官吏とは」（1点）を明示し、「民のために働くもの」を指摘してほしい（2点）。さらに文意をふまえて「民をつかうものではない」（1点）ことの指摘ができればなおよい。

問三 (i)「豈唯―、又…」は、反語をつかった累加表現。「豈」は「あニ」、「唯」は「たダニ」。後は送りがなに従って書き下し文にすればよい。

(ii)「豈唯―、又…」は、「どうしてただ―だけだろうか、そのうえ…でもある」の意（2点）。「怠ㇾ之」は、前文の「怠二其事一」と同じで、「（吏が）自分の仕事を怠る」こと（2点）。「盗ㇾ之」の「之」も、「我受二其直一」の「直」（俸禄）を指す。あわせて「（官吏としての）俸禄を盗む」の意（2点）。簡単にいえば、「そんな奴は給与泥棒だ」といいたいのだが、本問は現代語訳なので、逐語訳を基礎に解答をまとめてほしい。

問四 ポイントは「莫敢」と「何哉」。「莫敢」は「不敢」と同じで、「決して―がない・決して―しようとしない」の意（2点）。「何哉」も「何也」と同じで、「―ハなんゾや」と読み、「―はどうしてか」と理由を問う表現（2点）。「民…肆二其怒一」は少し難しい。「其」は民自身。「自分の怒り」とするとわかりやすい。「肆にする」は、やや古い日本語だとよく見かける表現で、「―したい放題する・好き勝手にする」の意。直訳だと「民」の「吏」に対する態度にそぐわないので、「怒りをぶつける」などとするとよい（1点）。

問五　「如何」は、「いかん」と読む(2点)。傍線部は間に「吾民」を挟んでいるので、「―ヲいかんセン」と読む(1点)。

問六　選択肢は、本文末の「有下達二於理一者上、得レ不二恐而畏一乎」に対応する。筆者によれば、一般に雇われたものは、仕事を怠れば(さらに俸禄だけを受け取れば)、雇い主の怒りをかって追い出される。しかし吏は、民に雇われたものであるにもかかわらず、たとえ仕事を怠っても、民から罰されることがない。なぜなら民と吏とでは権勢が異なるからである。しかし民と吏の関係は、雇う者と雇われる者の関係と同じである(＝道理は同じである)。したがって、「もし道理に通じれば」、いままで当然だと思っていた官吏(＝自分)の怠慢・傲慢な姿勢に対して、「畏怖せずにはおれないだろう」となる。この意見に一致する選択肢は1。

《書き下し文》

凡そ土に吏たる者、若其の職を知るか。蓋し民の役にして、以て民を役するのみに非ざるなり。凡そ民の土に食む者は、其の什に一を出だして吏を傭ひ、平を我に司らしむるなり。今我其の直を受け、其の事を怠る者、天下皆な然り。豈に唯だに之を怠るのみならんや、又従ひて之を盗めり。向し一夫を家に傭はしむるに、若が直を受け、若が事を怠り、又若が貨器を盗まば、則ち必ず甚だ怒りて之を黜罰せん。以へらく今天下多く此に類すと。而るに民敢へて其の怒りを肆にして黜罰する莫きは、何ぞや。勢ひ同じからざればなり。勢ひ同じからざるも理は同じなり。吾が民を如何せん。理に達する者有らば、恐れて畏れざるを得んや。

【現代語訳】

一般に地方の官吏となる者について、あなたはその職務を知っているか。思うに、(官吏は)民のために働くものであり、民を働かせるものではない。一般に土地を耕して生活する民は、収穫の十分の一を(税として)出して官吏を雇い、自分たちのために平穏を司らせる(＝平穏な暮らしになるよう取り仕切らせる)。今、官吏としての俸禄を受け取りながら、官吏としての仕事を怠る者がいる。天下の官吏はみなその通りである。どうしてただ仕事を怠るだけだろうか、そのうえ俸禄をも盗んでいるのである。もし一人の男を家で雇い、あなたの出す賃金を受け取りながら、あなたの命じた仕事を怠り、そのうえあなたの財貨や器物をも盗むことがあれば、(あなたは)きっと激怒し、その男をやめさせて罰するだろう。思うに、今の天下にはこれと似たことが多い。(ところが)民が決して怒りをぶつけて(官吏を)やめさせ罰しようとしないのは、どうしてだろうか。権勢が異なるからである。(しかし、たとえ)権勢が異なっていたとしても、道理は同じである。わが民をどうすればよいだろうか。もし道理に通じれば、(自分のふるまいを)恐れ憚らないでおれるだろうか。

演習問題⑭（30点）

解答

問一　a＝すなわ(は)ち　b＝それ　c＝しかず　（6点・各2）

問二　不レ能下以二府庫一分上レ人　（4点）

問三　府庫の物資を人に与えることができないなら、物資を焼いて、それによって人が自分に危害を加えないようにさせた方がよい　（6点）

問四　(3)＝自分の所有する国でもないのに、自分のものにしようとすること。

(4)＝財産を人のために使うことができないばかりか、財産を自分のために使う方法も知らないこと。　（8点・各4）

問五　我が子を成長させた梟は、かえって自分の子どもに食われるように、財産を蓄えても、その財産によって身を破滅させるということ。　（6点）

解説

問一　a「乃」は「すなはチ」と読む重要漢字。同訓の「則・即・輒」とともに覚えておこう(172頁)。b「夫」は「そレ」と読み、「そもそも・さて」などと訳す。文頭・句頭に置く漢字の一つ(171頁)。

c「不レ如」は比較の表現で、「しカず」と読む。

問二「不レ能」は不可能をあらわす表現。返読して「あたハず」と読む。これ以外の読みと漢字の対応は平易。返り点は、一二点と上下点の優先順位、レ点の直後に下点に返読する上レ点に気をつける。すべて訓読の基本である。

問三「不レ若」は比較の形で、「―よりも…した方がよい」の意。「―」は傍線部に含まれていないが、その直前の「不レ能レ予レ人」(人に府庫の物資を与えることができないなら)を指す。まずこれを補う(2点)。次に「令二人害一レ我」は使役「令二―…一」の形。型どおりに「人に私を害させる」となる(2点)。これが「毋」(なシ)と否定されているので、「(―させる)ことがない」となる(2点)。「毋」は「なカレ」(禁止・―するな)のほかに、否定「なシ」の意味もあるので、注意してほしい。これをつなげれば解答になるが、使役の部分を「―が…するようにさせる」と改めると、わかりやすい日本語になる。

問四　傍線部の「至」は至極の至で、「きわめて・この上なく」の意。したがって傍線部(3)は「この上なく貪欲」、(4)は「この上なく愚か」となる。それが「どのようなことか」と問われている。これらが指す具体的な内容は、それぞれの傍線部のすぐ前に記されている。漢文では、このように、二組を対にして議論を進めることがしばしばある。読解の参考にしてもらいたい。

問五　注は「梟の子どもは成長すると、自分の母を食べてしまう」の意。これをふまえて傍線部の「梟の其の子を愛す」(梟が自分の子どもをいつくしむ)を解釈すると、「フクロウの母鳥は自分のひな鳥を大切に育てるが、ひな鳥が成長すると、ひな鳥はかえって大切に育ててくれた母鳥を食い殺す」という意味だとわかる。自分が大切にしていたものによって、かえって禍におちいる、というのである。これは財産を大事にするあまり、人に与えずしまい込んだ結果、かえってそれを人につかわれ、我が身を滅ぼした白公の逸話と一致する。したがって解答は、傍線部の解釈「我が子を成長させたフクロウの母鳥は～食われるように」（2点）を前提とし、白公に関わる「財産を蓄えても・財産を大切にして人に与えないでおいても」（2点）、「その財産によって身を破滅させる」（2点）という二点を指摘すればよいだろう。

《書き下し文》

白公勝荊の国を得、府庫を以て人に分くる能はず。七日にして、石乙入りて曰はく、「不義にして之を得、又布施する能はずんば、患ひ必ず至らん。人に予ふる能はずんば、之を焚きて人をして我を害せしむる毋きに若かず」と。白公聴かず。九日にして、葉公入り、乃ち大府の貨を発きて以て衆に予へ、高庫の兵を出だして以て民に賦ち、因りて之を攻む。十有九日にして白公を禽にす。夫れ国は其の有に非ず、而るに之を有さんと欲するは、至貪と謂ふべし。人の為にする能はず、又以て自ら為すこと無きは、至愚と謂ふべし。譬ふるに白公の嗇は、何を以て梟の其の子を愛するに異ならんや。故に老子曰はく、「持して之を盈たすは、其の已むに如かず。揣ぎて之を鋭くすれば、長く保つべからず」と。

【現代語訳】

白公勝は荊（楚）を手に入れたが、府庫の財産を人に分けることができなかった。七日後、石乙がやってきて、いった、「不道徳なやり方で国を手にいれたのに、人に〔財産を〕与えることもできないようでは、わざわいが必ずやってくるだろう。人に与えることができないのなら、焼いて他人が自分に害を加えないようにさせた方がましだ」と。白公は聞き入れなかった。九日後、葉公は〔荊の国に〕入ると、大府を開いて人々に与え、高庫の武器を出して人々に分け与え、それをつかって白公を攻めた。十九日の後、白公を捕らえた。そもそも国は本来自分のものではないのに、自分のものにしようとするのは、至貪（極めて貪欲）といわねばならない。人々のために何もせず、さらには自分のためにも何もしないのは、至愚（極めて愚か）といわねばならない。譬えるならば、白公の貪婪さは、フクロウが我が子を愛するのに何が異なるというのか、いや少しも異なるところがない。だから老子はいうのだ、「杯いっぱいに水を満たすくらいなら、やめた方がよい。研いで鋭くすれば、長く保つことはできない」と。

演習問題⑮（30点）

解答

問一　a＝これ　b＝かつ　c＝ひそかに（6点・各2）

問二　(i)＝はやくすくう(ふ)はおそくすくう(ふ)にいず(づ)れぞ(と)
(ii)＝はやく韓を救うのは、おそく韓を救うのとどちらがよいか（6点・各3）

問三　(2)＝斉は韓を救わない方がよい
(3)＝斉ははやく韓を救った方がよい（8点・各4）

問四　斉が韓のいいなりになってしまうということ。（4点）

問五　魏と韓を戦わせれば、魏は疲弊するばかりか、韓も魏に対抗するため斉の援助を得ようと接近してきて、韓は斉のいいなりになるから。（6点）

解説

問一　a「是」は、「―は、…だ」とつなぐ表現。b「且」は、返り点がないので再読文字ではない(32頁)。ここは「かツ」と読み、『韓魏之兵～命於韓也』であり、さらに『魏有破国之志～』」の意。

c「陰」は「ひそカニ」と読む。「窃」と同訓。

問二　選択疑問「孰与」(どちらがどうか)の読み・意味に注意する。ここでは「はやく救うのとおそく救うのとでは、どちらが利益になるか」ということを聞いているので、「どちらがよいか」などと表現を工夫するとよい。

問三　(2)は直後の「不レ如レ勿レ救」を解釈すればよい。「勿」は、ここでは「なシ」。禁止「なカレ」ではない。解答には「斉は」(1点)「韓を」(1点)のように、主語・目的語を明記する。また「救わないのに及ばない」ではなく、「救わない方がよい」(2点)とわかりやすい表現を選ぶ。(3)は(2)の「勿レ救」を「蚤救レ之」に変えたもの。(2)と同じように、「斉は」(1点)「韓を」(1点)と主語・目的語を明記し、「はやく救った方がよい」(2点)という主張を記す。

問四　「聴二命於韓一」の「聴命」がポイント。「命」は命令という熟語を思い出す。ただし「命令を韓に聴く」では、日本語としてわかりにくい。ここは「(韓に)命令される・(韓の)命令を受ける」と理解する。したがって傍線部を直訳すると、「斉は韓に命令される・命令を受ける」となる。本来、斉は韓の要請に応じて助けてやる立場のはずが、かえって助けてやるはずの韓に命令される立場になってしまう、というのである。本問は説明問題なので、傍線部の解釈をもとに、「斉が韓のいいなりになってしまう」などと表現を工夫してまとめるとよい。

問五　孫臏が「(斉は)重い利益を受け、さらに名声を得ることになる」と判断した理由が問われている。本文からこの理由に関わる箇所を探すと、候補が二つ見つかる。一つは「且魏有二破国之志一」以下、傍線部までの部分。もう一つは、結果的に孫臏の主張のとおりになったことが記されている「乃陰許韓使」以下である。両者は同じ内容であるが、後者は前者の内容を受けて、その主張が正しかったことを裏書きする内容であって、傍線部のようになる理由そのものは記されていない。したがって、解答には、後者をふまえつつ、前者の内容をまとめればよい。ポイントは、①魏と韓を戦わせ（2点）、魏を疲弊させる（1点）こと。②韓は魏に対抗するため、斉に接近するであろう（1点）こと。そして③結果的に韓は斉のいいなりにならざるを得なくなる（2点）という三点である。なお「重利」は魏の弱体化であり、「尊名」は韓の従属化（韓が斉を慕ってなびくこと）である。

《書き下し文》

魏の龐涓韓を伐つ。韓救ひを斉に請ふ。斉の威王大臣を召して謀りて曰はく、「蚤く救ふは晩く救ふに孰与れぞ」と。成侯曰はく、「救ふ勿きに如かず」と。田忌曰はく、「救はずんば則ち韓且に折れて魏に入らんとす。蚤く之を救ふに如かず」と。孫臏曰はく、「夫れ韓魏の兵未だ弊れざるに之を救ふは、是れ吾韓に代はりて魏の兵を受け、顧反つて命を韓に聴くなり。且つ魏に破国の志有り。韓亡ぶるを見れば、必ず東面して斉に愬へん。吾因りて深く韓の親を結びて晩く魏の弊を受くれば、則ち重利を受けて尊名を得べきなり」と。王曰はく、「善し」と。乃ち陰かに韓の使ひを許して之を遣はす。韓因りて斉を恃みとす。五たび戦ふも勝たず、而して東のかた国を斉に委ぬ。

【現代語訳】

魏の龐涓が韓を攻めた。韓は救援を斉に求めた。斉の威王は大臣を招いて相談していうには、「早く韓を救うのと遅く救うのとでは、どちらがよいだろうか（どちらがわが国にとって都合がよいだろうか）」と。成侯はいった、「救わぬ方がよいでしょう」と。田忌はいった、「救わねば韓は折れて魏に付こうとするでしょう。早く救う方がよいでしょう」と。孫臏はいった、「そもそも韓と魏の軍がまだ疲弊していないのに、韓を救うとなると、わが国が韓に代わって魏の軍を受けることになり、〔わが国の軍が疲弊しますので、〕かえって〔わが国が〕韓の命令を聞くはめに陥りましょう。また魏には韓を滅ぼそうとする意志があります。韓は自国の滅亡を悟れば、必ず〔韓から見て〕東方の斉に救援を求めるでしょう。わが国はその段階で韓と深く親交を結び、遅く魏の疲弊した軍を迎え撃てば、大きな利益と貴い名声を手に入れることができるでしょう」と。王はいった、「そのとおりだ」と。そこでこっそり韓の使者に〔救援を〕許して帰国させた。韓はそこで斉を頼みとして、五たび魏と戦ったがいずれも負け、そうして東方の斉に国の安泰を委ねることになった。

演習問題⑯（30点）

解答

問一　a＝ただ　b＝あい（ひ）　c＝なんじ（ぢ）　（6点・各2）

問二　なんと事実を偽っていることでしょうか　（3点）

問三　まして天の与えた功績を盗み、自分の手柄と考えるようでは、なおさら盗人といわねばならない　（6点）

問四　他人の行為が罪であると理解し、責めておきながら、自分も同じ過ちを犯すことになるから。　（6点）

問五　重耳に考えを伝えれば、世間から身を隠そうとしながら、言葉で自身を飾り立てて名声を求めることになるので、何も言わずに隠遁するべきだと考えた。　（9点）

解説

問一　a「唯」（たダ）は、「ただ―だけ」と限定をあらわす漢字。b「相」（あヒ）は、「互いに」を意味する頻出漢字。c「汝」（なんぢ）は二人称を示す代名詞で、「あなた」。ここは、母が話している相手、「介之推」を指す。「なんぢ」と読む漢字は、他にも「爾」「若」などがあるので、あわせて覚えておこう（170頁）。

問二　「不二亦―一乎」（まタ―ずヤ）は、詠嘆をあらわし、「なんと―ではないか」という意味。あとは注を参照して「誣」の意味をあてはめれば解答になる。介之推は、重耳の従者が自分の手柄であるかのように恩賞を求めることを非難しているのである。

問三　傍線部は、抑揚の「―猶…。況～乎」（―スラなホ…。いはンヤ～ヲや）の後半部分（況～乎）である。「況～乎」は、「まして～は、なおさら…」（2点）。「貪二天之功一」は、「天の与えた功績を盗む」（1点）。「以為二己力一」は、「自分の手柄と考える」（1点）。加えて、抑揚の表現では、なおさら「…である」の部分を正確にとらえる必要がある。ここでは「謂二之盗一」をふまえて、「盗人といわねばならない」（2点）を補う。

問四　直前の「尤而効レ之」を、言葉を補って解釈すれば、「（天の与えた功績を自分の手柄といって恩賞を求める人々を）責めておいて（自分も）彼らと同じように恩賞を求めること」。介之推は、彼らの行いは罪であると考え、非難した（3点）。しかし、それが罪であると知りながら、自分も同じことをすれば（3点）、罪は一層重いものになるということ。なお文末を「から・ので」で結ぶこと。

問五　「使」は使役、「若何」（いかん）は「どのようか」の意。恩賞を求めることを拒んだ介之推に対し、母は「これ（＝その考え）を伝えてはどうか」と問う。しかし介之推は、「言身之～求顕也」と考えたので、「使レ知レ之」ことはせず、「遂隠而死」という結果になった。もし介之推が自分の考えを伝えれば（1点）、世間から身を隠そうとしていながら（1点）、言葉で身を飾り（1点）、世間に名をあらわそうとすることになる（2点）。だから、自分の考えを伝えることはせずに（2点）、そのまま隠遁するべきだ（2点）と考えたのである。

《書き下し文》

推曰はく、「献公の子九人、唯だ君のみ在り。天未だ晋を絶たざるは、必ず将に主有らんとすればなり。晋の祀を主る者は、君に非ずして誰ぞ。天実に之を置く、而るに二三子以て己が力と為すは、亦た誣ならずや。人の財を窃むことすら、猶ほ之を盗と謂ふ。況んや天の功を貪り、以て己が力と為すをや。下は其の罪を義とし、上は其の姦を賞し、上下相ひ蒙く。与に処り難し」と。其の母曰はく、「盍ぞ亦た之を求めざる。以て死せば誰をか懟みん」と。対へて曰はく、「尤めて之に効ふは、罪又甚だし。且つ怨言を出だせば、其の食を食まず」と。其の母曰はく、「亦た之を知らしむるは、若何」と。対へて曰はく、「言は身の文なり。身将に隠れんとし、焉くんぞ之を文るを用ゐん。是れ顕を求むるなり」と。其の母曰はく、「能く是くのごとくならんか。汝と偕に隠れん」と。遂に隠れて死す。

【現代語訳】

介子推はいった、「献公の子は九人いましたが、ただわが君（＝重耳）だけが残っています。天がまだ晋を途絶えさせていないのは、きっと〔晋に〕君主を立てようとしているからです。晋の祭祀を司るお方は、わが君をおいて誰がいるでしょうか。天がたしかにわが君を位に据えましたのに、二、三の従者が自分の手柄と考えるのは、なんと事実を偽っていることでしょうか。人の財物をこっそり取ることでさえ、盗みというのです。まして天の与えた功績を盗み、自分の手柄と考えるようでは、なおさら盗人といわねばなりません。下の者は自分の罪を義とみなし、上のお方は悪事〔を働く者〕に褒賞を与え、上も下も互いに騙し合っています。〔このような人々とは〕一緒におれません」と。介之推の母はいった、「どうして恩賞を求めないのですか。このまま死んだら誰をうらむというのでしょう」と。〔介之推は〕お答えしていった、「〔他の人を〕責めておいて、〔自分も〕彼らを同じことをするのでは、罪は一層重いものです。そのうえ怨み言をいいましたので、俸禄をいただくわけにはいきません」と。介之推の母はいった、「おまえの考えをお伝えしてはどうですか」と。〔介之推は〕お答えしていった、「言葉は身を飾るものです。わたしは世間から隠れようとしているのに、どうして身を飾る必要がありましょうか。それでは世間に名をあらわすことを求めることになります」と。介之推の母はいった、「おまえはそのようにできるのですか。〔それなら〕おまえと一緒に隠れましょう」と。こうして世間から隠れて死んでしまった。

演習問題⑰（30点）

解答

問一　a＝わかくして　b＝たり　c＝えず　（6点・各2）
問二　五言律詩　（4点）
問三　1　（5点）
問四　3　（5点）
問五　4　（6点）
問六　1　（4点）

解説

問一　a「少」にはもちろん「すくない」の意味もあるが、漢文ではしばしば「わかシ」と読んで「年が若い・おさない」の意味で用いられる。b「為」は最重要の多義語の一つ（177頁）。ここは、体言から返読していることと、送りがな「リ」から、「たリ」と読む。意味は「―である」。c「―を」から返読する「不レ得」（えず）は、「―できない」（不可能）をあらわす（88頁）。

問二　近体詩の形式は、一句の字数と一首の句数から考える。Bの詩は、一句が五字から成るので五言、一首が八句から成るので律詩である。近体詩の形式の中でも、五言絶句、五言律詩、七言絶句、七言律詩は確実に答えられるようにしておこう。

問三　書き下し文と解釈の問題だが、本問は単に意味からのみ考えるのではなく、「対句」に着目することが解答のヒントになる。律詩では、ふつう第三句と第四句、第五句と第六句が対句になるので、第四句である傍線部は、第三句「独愁常廃レ巻」と対句になっている。大まかな構造は同じであると考えられるので、「多病／久離レ群」（／は意味の切れ目）といった構造の選択肢に絞られる。祖詠自身が長い間病気がちで仲間から離れていたことは、Aに見える王維の詩の内容とも合致している。

問四　漢詩の句末が空欄になっている場合は、押韻の知識が問われていることが多い。まずは押韻の原則から選択肢を絞り、複数の選択肢が残ったら、はじめて意味から選択肢を絞り込むようにしよう。Bの詩は五言詩であるから、偶数句末で押韻する。空欄のある第六句を除く偶数句末の韻は、「墳」(hun)「群」(gun)「聞」(bun)であり、「un」という韻が共通する。選択肢のうち、この韻に当てはまるのは、「雲」(un)だけである。

問五　Aの文章とBの詩の内容をふまえれば、祖詠は貧乏や病気に見舞われていたこと、不遇で栄達の道を失って汝墳に移ったこと、その後は山中で一生を終えたことなどがわかる。1「自然の中での仕事に価値を感じ」、2「官僚生活に満足して」、3「山中で見つけた仕事に没頭する」などがそれぞれ誤り。

問六　文学史の問題。唐代の詩は、初唐・盛唐・中唐・晩唐に分けられ、盛唐はその全盛期にあたる。孟浩然は王維とならぶ自然詩人。李白・杜甫は中国を代表する二大詩人。なお陶淵明は六朝時代の詩人である。

《書き下し文》

A　詠少くして王維と吟侶たり。維済州に在り、官舎に寓するに、祖三に詩を贈り、云ふ有り、「交はりを結ぶこと二十載、一日も展ぶることを得ず。貧病なるは子既に深く、契闊なるは余浅からず」と。蓋し亦た流落不偶、極めて傷むべきなり。後に家を移して汝墳の間の別業に帰り、漁樵を以て自ら終ふ。

B　汝墳の別業　祖詠

路を失ひ農を業と為し　家を移して汝墳に到る
独り愁へて常に巻を廃し　多病にして久しく群れを離る
鳥雀窓に垂るる柳　虹蜺澗を出づる雲
山中に外事無し　樵唱時有りて聞こゆ

【現代語訳】

A　祖詠は若いころから王維と詩人仲間であった。王維は済州におり、官舎に入っていたとき、祖詠に次のような詩を贈った。「〔あなたと〕交流をはじめて二十年、一日として親しく付き合うことはできなかった。あなたは貧乏や病気がはなはだしく、わたしは苦労が少なくない」と。思うに落ちぶれて世に認められないことは、この上なくあわれむべきことである。その後、〔祖詠は〕家を移して汝墳のあたりの別荘に帰り、漁師や木こりのような生活をしてみずからの生涯を終えた。

B　汝墳の別荘　祖詠

出世の道を失って農業を生業とし
家を移して汝墳にやってきた
ひとりうれえて書物を読んで勉強することをやめ
病気がちでながらく仲間のもとを離れている
小鳥は窓にたれる柳〔にとまり〕
虹は谷間からわき出る雲〔にかかる〕
この山中では身辺のわずらわしさなど何もなく
木こりのうたう歌が時おり聞こえてくるだけだ

漢詩問題の取り組み方

漢詩は少ない字数の中に込められた意味を探る必要があり、難しく感じられるかもしれない。しかし漢詩の問題は、詩の意味内容ばかりが問われるわけではない。漢詩を読んで内容を理解するためには、漢詩の形式や押韻、対句など、漢詩の基礎となる規則の理解が不可欠である。漢詩問題では、これらの規則をおさえていれば容易に答えられる設問も少なくない。まずは漢詩の形式を確認し、押韻や対句の位置を明確にすることを意識してみよう。

応用編

第一問（30点）

解答

問一　a＝みず（づ）から　b＝あたわ（は）ず　c＝つい（ひ）に　（6点・各2）

問二　どうしてわが身や王朝を安泰にすることができるだろうか、いや安泰にできるはずがない　（5点）

問三　つい（ひ）にそのあまやちをきかざらしめ　（5点）

問四　毎レ看二事有一レ不レ利二於人一　（4点）

問五　はっきり映る鏡を必要とする　（5点）

問六　3　（5点）

解説

問一　a返読しない「自」には「おのづかラ」（自然と）と「みづからラ」（自分で）の読みがある。しかし「人は自然と照らそうと思えば……」では文意が通らない。また傍線部は少し後の「主若自賢」（君主がもし自分が賢いと考えれば）と対応しているので、「みづからラ」と読むのが妥当である。

b「不レ能」は「（動詞＋）あたハず」と「（―ヲ）よクセず」の二通りの読みがある。傍線部は「全うする」（動詞）から「不レ能」に返読しているので、「あたハず」。

c「遂」は読みで問われた場合は「つひニ」の可能性をまず考える。意味は「そのまま」で、同訓の「卒・終・竟」とはニュアンスが異なる（問三を参照）。

問二　「豈―乎」に注目する。これは「あニ―（ン）や」と読み、「どうして―だろうか、いや―のはずがない」の意（2点）。

「―」には、少なくとも述語がなければ文章とならないので、「可レ得」二字のどちらかが述語である。「可」は可能「ベシ」をまず想定する。「可」は動詞から返読するので、動詞は「得」（得る・手に入れる）。したがって「可レ得」で「手に入れることができる」（1点）。

何を手に入れるのか。直前の「危敗せざらんと欲する」（危うく敗れないこと＝安泰であることを望むこと）である。君主が願う「危敗せざる」ことであるから、単に自身のことだけでなく、王朝の安否をも含むだろう（2点）。

なおより正確には「可レ得」は、慣用表現の一種で、二字で「―することができる」という意味である。したがって、ここでは端的に「―できるだろうか」と訳してもかまわない。

問三　「卒」は「つひニ」（結局）（1点）。「令」は使役の「令」を考える。使役「令」は「令二―…一」（―ヲシテ…しム）と「令二…一」（…しム）の二種がある。傍線部は直後に「不レ聞」というように活用語が続くので、後者のパターン（2点）。したがって「卒に『不レ聞二其過一』しむ」となる。

「不レ聞二其過一」の「過」は少し前に「過」（あやまチ）とあるの

を参照して「あやまチ」（過失の過）と読む。「其」は指示代名詞「そノ」。傍線部直前の「隋の煬帝の暴虐さときては、臣下は口を閉ざしてしまい、その過ちを―」であるから、「そノ」は「隋の煬帝」を指す。「不レ聞」は否定＋動詞で、すなおに「聞かず」と読めばよい。何を聞くのかといえば、もちろん「其の過ち」であろう（1点）。

注意すべき点は、「不」から「令」（しム）に返読するときの活用である。「聞かずしむ」ではなく、補助活用をつかい、「聞かざらしむ」となる（1点）。また傍線部は次の句に続くので、文末を「〜ざらしめ」としておくとよいだろう。

最後に「卒」と「遂」の違いについて触れておこう。問一の「遂」も本問の「卒」も、ともに「つひニ」と読むが、「遂」は「何かがあって、そのまま・こうして―」というように、因果関係で文と文をつなぐ。一方の「卒・終・竟」は、日本語の「ついに」に近く、「結局・とうとう―になった」という意味をあらわす。傍線部であれば、「隋の煬帝の暴虐さときては、臣下は口を閉ざしてしまい、とうとう自分のあやまちを聞かないようにさせてしまい、そのまま滅亡してしまった」となる。

問四　「毎看事有不利於人」には読みが指定されている。しかし読み方を確認する前に、「毎」には①「ごとニ」（返読する）、②「つねニ」（返読しない）の読みがあることを想定しておく。そこで読みを確認すると、「ことにひとにりあらざるあるをみるごとに」とある。この「ごとに」は「毎」である。

その他、傍線部の漢字と読みを比べ、読みに漢字を入れると、「事に人に利あらざるあるを看る毎に」となる。ここで注意しなければならないのは、「ある」である。読みに二度登場するが、傍線部の「有」は一箇所しかない。

前者「利あらざる」の「ざる」は「不」の連体形。したがって「利あらざる」は「不利」に該当する。これを「利有らざる」と読むと、返り点がつけられなくなる。このように漢文では、日本語としての調子がよくなるように、訓読の段階で漢字にない言葉を補うことがある。では、二度目の「ある」はどうだろうか。「ざるあるを」であるから、「有レ不」で読みどおりの返り点がつけられる。

あとは返り点の法則にしたがえばよい。返り点そのものは入門レベルの難易度なので、もしも間違えた場合は、必ず入門編を復習してもらいたい。

問五　「須」に注目する。再読文字「すべかラク―べシ」と読みたくなるが、「必ず明鏡のようになるべきだ」では意味が通じない。「須」には、①再読文字のほかにも、②「必要とする」、③「もちいる」、④「待つ」といった意味がある（178頁）。ここでは②が適訳である。人は自分を映し出そうとすれば、「はっきり映る鏡を必要とする」（はっきり映る鏡を必須とする）の意。

問六　本文は諫言（いさめること）がテーマになっている。諫言とは、下のもの（臣下や子ども）が上のもの（君主や親）の不正に対して忠告することである。あくまでも下から上に対しての言葉であるから、意味としては近くとも、「非難・弾劾」「改めさせる・止めさせる」といった上から下に向かってつかう言葉で訳すのは不適当である。また漢文では諫言が重要テーマの一つとなっている。諫言を受けいれられるか否かが、名君か暗君かの分かれ目となっている。本文の主役・唐の太宗は、臣下の諫言を受け入れることのできた名君として中国史上、名高い人物である。

《書き下し文》

太宗威容儼粛にして、百僚の進見する者、皆其の挙措を失ふ。太宗其の此くのごときを知り、人の事を奏するを見る毎に、必ず顔色を仮り、諫諍を聞き、政教の得失を知るを冀ふ。貞観の初め、嘗て公卿に謂ひて曰はく、「人自ら照さんと欲すれば、必ず明鏡を須う。主過ちを知らんと欲すれば、必ず忠臣に藉る。主若し自ら賢とし、臣匡正せずんば、危敗せざらんと欲するも、豈に得べけんや。故に君は其の国を失ひ、臣も亦た独り其の家を全うする能はず。隋の煬帝の暴虐に至りては、臣下口を鉗し、卒に其の過ちを聞かざらしめ、遂に滅亡に至る。虞世基等、尋で亦た誅死す。前事遠からず、公等事に人に利あらざる有るを看る毎に、必ず須らく極言規諫すべし」と。

【現代語訳】

太宗は威厳に満ちており、〔太宗に〕具申する臣下は、みな〔恐れて〕立ち居ふるまいに過失が生じた。太宗はこのありさまを悟り、臣下の具申をみるごとに、必ず顔色を寛容にし、諫言を聞き、政治の成功と失敗を知ろうとした。貞観のはじめ、あるとき〔太宗が〕高官にいった、「人は自分を照らそうと思えば、必ずはっきり物を映す鏡を必要とする。君主は〔自分の〕過ちを知ろうとすれば、必ず忠臣の力を借りることになる。君主がもし自分で自分を賢いと思い、臣下が〔君主の過ちを〕たださなければ、〔たとえ我が身や王朝を〕危機に陥れまいと望んでも、どうして危機に陥らせないことができるだろうか、いやとてもできないだろう。だから〔そのような〕君主は自分の国を失い、臣下もまた自分の家を守ることができないのだ。隋の煬帝の暴虐さときては、臣下は口を閉ざしてしまい、とうとう自分の過ちを聞かないようにさせてしまい、そのまま滅亡してしまった。〔そして煬帝の高官だった〕虞世基なども〔滅亡を免れることなく〕あいついで殺されることになった。これは前世の近しいことである。諸君らは政治で民に害のあるものをみれば、いつでも必ず〔わたしに対して〕言葉を極めていさめなければならない」と。

第二問（30点）

解答

問一　a＝かくのごとからざるを　b＝すなわ（は）ち　c＝また（6点・各2）

問二　五言律詩（4点）

問三　4（5点）

問四　あにしゅっしょ（しゅつしょ）をもっ（つ）てもとむべけんや（5点）

問五　ただ一字にも出典があることを巧みであると考えているだけである（4点）

問六　一字一字に出典があることは、かえって悪い詩の証拠である、ということ。（6点）

解説

問一　a「不如是」の「如是」は「如ㇾ是」＝「かクノごとシ」と読む。これが「不」につながるのだから、「ごとシ」を未然形「ごとカラ」に活用させ、あわせて「かクノごとカラず」とする（1点）。ただし傍線部を含む一文は、「知らず―を」（わかっていない、―ということを）の一部であり、傍線部までが「知らず」の内容と考えられるので、「かくのごとからざる（こと）を」と活用させられるとなおよい（1点）。

b「便」は「即」と同じく「すなはチ」と読む。

c「亦」は「まタ」と読む。同訓の「又」（その上・さらに）、「復」（ふたたび）とセットで覚えておこう。

問二　近体詩であると指定されているので、近体詩の法則にしたがって、形式を考える。本詩は一句が五字、全八句から成っているので、五言律詩である。なお本詩は杜甫の「登㆓岳陽楼㆒」という詩で、教科書にもしばしば掲載されている。

問三　本詩は五言詩であるから、偶数句末で押韻する。また律詩であるから、第三句と第四句、第五句と第六句が対句になっている。まず押韻から考える。楼・浮・X・流の韻はuであるから、選択肢2「報」と4「舟」が残る。

次に対句を考える。第六句は第五句と対句となっている。したがって傍線部は、「親朋無㆓一字㆒」（親類や友人からは一字の便りもなく）に対応して「老病有㆓孤X㆒」となると考えられる。「楼病に孤Xが有る」という表現に対応する選択肢は4のみである。選択肢2は「老病有＋孤X」と解釈しており、間違いである。

なお本詩の韻を考えるとき、漢字を子音＋母音にわけ、母音を比較すると、うまく韻がそろわない。一般に近体詩の押韻でつかう漢字の音は、現在の日本の音読み（漢音）に残っていることが多い。そのために漢詩の学習で確認したような押韻問題が解答できるのだが、当然ながらズレはいくらでもある。

試験で問われるものは、完全に母音が一致するものや、本問のように音の最後の響きが一致するものが選ばれるので、母音が完全に一致しなくとも、焦らずに対処してもらいたい。

問四　第一問と同じ「豈」を含む文章。傍線部には「豈」と「哉」がある。したがって「豈―哉」(あニーンや)をまず想定する(2点)。

次に「可」に注目する。一般に「可」は可能の可で「ベシ」と読み、活用語から返って読む。傍線部の残りの部分「以出処求」で「可」に返読する可能性が高いのは「求」である。「出」「処」も動詞として「いヅ」「しよス」と読めるが、既に「出処」で「出典」という注が施されている。

あとはこれを組み立てればよいのだが、あわてて「豈に以て出処を求むべけんや」としてはいけない。なぜなら、「出処を求む」と読むためには、「求二出処一」(動詞＋目的語)の順になっていなければならないからである(154頁)。

傍線部は、「以」を原因・理由を意味する「以二―一」(―ヲもつテ・―によって)ととり、「出処を以て求む」と読む(1点)。「可」(ベシ)を「ン(や)」につなげる場合は、「べけんや」である(2点)。まとめて「豈に出処を以て求むべけんや」＝「どうして出典を探すことで杜甫の意を求めることができるだろうか(いや、できるはずがない)」となる。

なお、本問は「ひらがな」での解答が求められているので、各ポイントは全てひらがなで解答すること。

問五　「但以一字亦有出処為工」から次の二つを見抜く。①「但」。「ただ―ノミ」の限定・強意をあらわす漢字。②「以二―一為二…一」(―を…とする・と考える)の構造である。この段階で「以一字亦有出処為工」を「但」で限定していることがわかる。したがって解答の骨格は、「ただ『一字亦有出処』を『工』とするだけである」となる(2点)。

「一字亦有出処」は、すぐ後の文の「一字無二出処一」から、「一字も亦た出処有り」(一字にも出典がある)と読める。「為工」は「工と為す」(巧みである)であろう(2点)。したがって「但だ一字も亦た出処有るを以て工と為すのみ」が傍線部の書き下し文で、これを逐語訳すれば「ただ一字にも出典があることを巧みであるとするだけである」となる。

傍線部は「後人」(後世の人)の考えを述べた部分であるから、「～を巧みと考えているだけである」などとすると、より文脈に即した訳になる。

問六　傍線部は直訳すれば「ただその悪詩となることを妨げないだけである」であるから、わかりやすく言い換えれば、「それが悪詩である証拠にすぎない」という意味になる。では「その」とは何か。

傍線部を含む一文を読むと、「近頃の詩人はわかっていないのだ、もし彼らの詩に注釈をつければ、それにも一字一字に出典はあるだろうが、ただ『それは悪詩である証拠にすぎない』ということを」となる。「それ」とは、もちろん「一字一字に出典があること」である。

解答は「一字一字に出典があることは、ただ悪い詩とすることを妨げるものではないだけだ」と直訳ですますのではなく(1点減点)、わかりやすく言い換えてほしい。

《書き下し文》

今人杜詩を解するとき、但だ出処を尋ぬるのみにして、知らず少陵の意、初めより是くのごとからざるを。且つ岳陽楼の詩のごとき、

昔聞く洞庭の水　今上る岳陽楼
呉楚東南に坼け　乾坤日夜浮かぶ
親朋一字無く　老病孤舟有り
戎馬関山の北　軒に憑りて涕泗流る

此れ豈に出処を以て求むべけんや。縦ひ使し字字出処を尋ね得れば、少陵の意を去ること益遠し。蓋し後人元より杜詩の古今に妙絶する所以の者は何れの処に在るかを知らず、但だ一字に亦た出処有るを以て工みと為すのみ。西崑酬倡集中の詩のごとき、何ぞ曾ち一字も出処無き者有らん。便ち以て少陵に追配すと為すは可か。且つ今人の詩を作る、亦た未だ嘗て出処無くんばあらず。渠自ら知らず、若し之が箋注を為さば、亦た字字に出処有るは、但だ其の悪詩と為すを妨げざるのみなるを。

【現代語訳】

最近の人は杜甫の詩を解釈するとき、ただ出典を探すだけで、杜甫の意図がはじめからそのようでなかったことを知らない。また岳陽楼の詩のようなものは、

かつて聞いた洞庭湖
いま岳陽楼に登ってそれを眺める
呉楚の地は東西に引き裂かれ〔て洞庭湖を生み〕
天地は昼夜を問わず湖の上に浮かんでいる
親類と友人からは一文字の便りもなく
病み年老いたわたしには一艘の舟があるだけだ
関山の北では戦争が続いていることを思うと
軒に寄りかかり涙を流さずにはおれない

とあるが、これはどうして出典を探すことで杜甫の意を求めることができるだろうか。もし一字一字に出典を探してしまえば、かえって杜甫の本意からかけ離れたものになる。おそらく後世の人はもともと杜甫の詩が古今に冠絶する理由がどこにあるのかを知らず、ただ一字一字に出典があることを巧みだと考えているだけなのだ。『西崑酬倡集』中の詩には、どうして一字たりとも出典のないものがあろうか。〔しかし〕それで杜甫にまねていると考えるのはよいのだろうか。また近年の人の作詩についても、また出典のないものはない。彼らは自分自身わかっていないのだ、もし彼らの詩に注釈をつければ、それにも一字一字に出典はあるだろうが、それはただ彼らの詩が悪詩であるということを妨げるものではないということに過ぎないことを。

第三問(30点)

解答

問一　a＝たちまち　b＝これより　c＝おいて（6点・各2）

問二　まだ書き物も知らない幼子が何かを書こうとするそぶりをみせたから。（3点）

問三　以㆘養㆓父母㆒収㆖族為㆑意（3点）

問四　父は子どもの作詩を、郷里の人々に見せ、銭や絹を手に入れることが利益になると考えていた、ということ。（4点）

問五　詩を作らせても、以前の評判に匹敵する出来栄えではなかった（4点）

問六　はるかに才人より優れている（4点）

問七　天賦の才能をもった人間でも、学問をしなければ凡人になってしまうのだから、平凡な人間はなおのこと学問にはげむ必要がある、ということ。（6点）

解説

問一　a「忽」は代表的な副詞。b「自㆑是」は「こレより」という決まった読み方がある。c「於」は代表的な置き字であるが、訓読上、読まざるを得ない場合がある。そのときは「おイテ」と読む。また「於㆑是」といった定型句の一部としてつかわれることもある。

問二　訓読すると「父焉を異とし」。「焉」は、ここでは「これ」と読み、指示代名詞の一種。「異」は、「違う」という意味だが、単に他と区別するだけではなく、「優れた存在・特異な存在」というニュアンスが込められている（181頁）。したがって傍線部は「父はこれを特異だと考えて」となる。傍線部の直前を確認すると、方仲永は、「生まれて五歳、まだ書具（字を書く道具）も知らないのに、泣いて書具を求めた」。そこで「父はこれを特異だと考えた」のだから、「これ」（＝方仲永）を「特異だ」と考えた理由は、「まだ書具も知らないのに、書具を求めた」からである（2点）。ただし仲永が「書具を求めた」のは、筆や墨が見たかったからではあるまい。書具すら知らない子が（当然字も書くことができるとは思えない子が）、何かを書こうとしたからである。この点まで指摘できると、なおよいだろう（1点）。

問三　読み方の指定がある返り点問題は、確実に正解してほしい。本文で注意するべき点は、「以―収族」に上レ点をつかう部分。一二点を挟んで返読するときは上下点をつかう。さらに直後から返読し、かつ上点をつける場合は、上レ点をつかう。

問四　傍線部は「父其の然るを利とするや」。「然る」は「そうである」の意。したがって「父親はそれがそうであることを利益として」となる。後は「其の然る」の指す内容を具体化すればよい。指示語の具体的な内容は、通常は指示語の前にある。五歳で詩文をよく作ったという仲永は郷里で著名になり、「村の人々（＝村の知識人・名望家）は、仲永の父親を客人としてむかえ、時に銭や絹をあたえて、仲永の作詩を求めた」という。したがって父親の「利」

とは、（村の知識人・名望家の仲間に入り）、銭や絹を手に入れたという点だと考えられる。

問五　まず使役「令」は、「令二―…一」（―ヲシテ…セレム）が定型表現だが、「―」が省略され、「令二…一」（…セレム）となることも多い。訳は「…させる」。傍線部もその一つで、「令作詩」＝「令レ作レ詩」（詩を作さしむ）と読む（1点）。「作詩」を熟語と考えてもよいが、傍線部の前に「作レ詩立就」（詩を作さしむれば立ちどころに就る）とあるのを参考にするとよい。「不能」は不可能表現で、「不レ能二―一」（―スルあたハず。「―」は連体形で結ぶ）。訳は「―できない」（1点）。問題は「称前時之聞」の解釈。「称」は「せうス」（言う・賞賛する）のほかに、「かなフ」（匹敵する）の意味がある（1点）。「前時之聞」は「以前の評判」（「聞」＝評判・名声）と取れる（1点）。あわせて「以前の名声に匹敵する」。それが「できない」となる。この意味が伝わるように、日本語らしく表現を改めると解答になる。

問六　まず返り点にしたがって、読む順序を考えていく。すると「人材→賢→遠→矣」となる。文末の「矣」は置き字（断定）。文中の「於」は、対象・場所・時間などのほか、受身・比較などを意味する可能性がある。傍線部は「人材→賢」というつながりから、「人材を賢とす」または「人材より賢なり」などの読みが想定できる。さらに問七で確認するように、ここは天賦の才をもつ人は、普通の人（の才能）よりも優れているという意味で理解しなければ、文意が通らない。したがってここでの「於」は比較（より）で理解し、傍線部全体で「人材より賢なること遠し」と読む。直訳すると「（普通の）才人より優れていることは遠い」となるが、これでは日本語として不自然なので、「はるかに（普通の）才人よりも優れている」と改めるとよい。なお「―は遠し」は倒置表現の一種で、「遠く―である」といった意味である。現在も日本語の美文の中に残っているので、読解においては倒置表現のままで理解できるようにしておいた方がよいだろう。

問七　「王子曰」以下をまとめればよい。天賦の才をもつ仲永は、人から学問を受けなかったために、「衆人」（普通の人・一般人）になってしまった。ましてや天賦の才をもたない、もともと普通の人にすぎない人間が、人から学問を受けることがなければどうなるだろうか。はたして普通の人ですらなりえるだろうか、というのが結論である。

《書き下し文》

金渓の民方仲永、世隷耕す。仲永生まれて五年、未だ嘗て書具を識らざるに、忽ち啼きて之を求む。父焉を異とし、旁近に借りて之を与ふれば、即ち詩四句を書し、並に自ら其の名を為す。其の詩父母を養ひ族を収むるを以て意と為す。一郷の秀才に伝へて之を観しむ。是れより物を指して詩を作さしむれば立ちどころに就り、其の文理皆観るべき者有り。邑人之を奇とし、稍稍其の父を賓客とし、或いは銭幣を以て之に乞ふ。父其の然るを利とするや、日仲永を抜き邑人に環謁せしめ、学ばしめず。予之を聞くこと久し。

明道中、先人に従ひて家に還り、舅の家に於いて之を見るに、十二三なり。詩を作さしむれば、前時の聞に称ふ能はず。又七年、揚州より還り、復た舅の家に到り、焉を問ふ。曰はく、「泯然たる衆人なり」と。

王子曰はく、仲永の通悟、之を天に受くるなり。其れ之を天に受くるや、人材より賢なること遠し。卒之に衆人と為るは、則ち其の人に受くる者至らざればなり。彼れ其れ之を天に受くるや、此くのごとく其れ賢なり。之を人に受けざれば、且つ衆人と為る。今夫れ之を天に受けざれば、固より衆なり。又之を人に受けざれば、衆人と為るを得るのみならんやと。

【現代語訳】

金渓の民・方仲永は、代々人に使われて農業を行っている〔貧しい〕家柄であった。仲永は生まれて五歳、まだ書き物も知らないときに、突然泣き出して書き物をほしがった。父親はこれを不思議に思い、近隣から借りて仲永に与えたところ、〔仲永は〕たちまち四句の詩を書き、あわせて自分で自分の名を記した。その詩は父母を養い、一族を結びあわせることを旨とした内容だった。郷里の秀才（知識人）に吟味させた。それから〔仲永は〕何かを示して詩を作らせると、すぐさま作ってみせ、〔しかも〕作った詩の文字も内容も優れたものだった。村の人々は、この仲永の作詩を特異なこととして、しばしば仲永の父を賓客として招き、時に銭や絹を与えて仲永の作詩を求めた。父はそのような状態を利益と考え、毎日のように仲永の手を引き、村人たちに見せ、学問を受けさせなかった。わたしは長い間、このような話を耳にしていた。

明道年間、今は亡き父上について〔金渓の〕家に帰り、舅の家で仲永を目にした。十二、三歳であった。詩を作らせても、以前の評判に匹敵する出来栄えではなかった。その後、さらに七年経ち、揚州から〔金渓に〕帰り、ふたたび舅の家に立ち寄り、仲永について尋ねたところ、「才能のない一般人と同じだ」という。

私が考えるには、仲永の優れた才能は、天から受けたものである。天から受けたものであるから、才人よりもはるかに優れていた。〔ところが〕結局、普通の人になってしまったのは、人から受けるものが十分でなかったからである。仲永はその才能を天から受けたために、あのように優れていた。〔しかし〕人から〔学問を〕受けなかったために、普通の人になった。もし天から才能を受けることがなければ、もともと普通の人間である。さらに人から〔学問を〕受けなければ、普通の人になることすらできるだろうか。